大道融通

融通是大趋势，天下诸事，融则通，通则达。

黄程◎著

中国财富出版社有限公司

图书在版编目（CIP）数据

大道融通 / 黄程著 . —北京：中国财富出版社有限公司，2021.8（2021.12 重印）

ISBN 978-7-5047-7504-7

Ⅰ . ①大… Ⅱ . ①黄… Ⅲ . ①哲学—研究—中国 Ⅳ . ① B2

中国版本图书馆 CIP 数据核字（2021）第 164102 号

策划编辑	宋　宇	责任编辑	邢有涛　刘静雯		
责任印制	梁　凡	责任校对	卓闪闪	责任发行	黄旭亮

出版发行	中国财富出版社有限公司		
社　　址	北京市丰台区南四环西路 188 号 5 区 20 楼	邮政编码	100070
电　　话	010–52227588 转 2098（发行部）		010–52227588 转 321（总编室）
	010–52227566（24 小时读者服务）		010–52227588 转 305（质检部）
网　　址	http://www.cfpress.com.cn	排　　版	宝蕾元
经　　销	新华书店	印　　刷	宝蕾元仁浩（天津）印刷有限公司
书　　号	ISBN 978–7–5047–7504–7/B · 0565		
开　　本	710mm × 1000mm　1/16	版　　次	2021 年 10 月第 1 版
印　　张	13	印　　次	2021 年 12 月第 2 次印刷
字　　数	146 千字	定　　价	52.00 元

《大道融通》旨在让自己更优秀，让集体更有力，让民族更强大，让世界更美好。

序

通过拜读黄程先生的佳作《大道融通》与他相识，虽然我们交往不久，却有一种相交已久的亲和感，大概是弘扬传播中华传统文化的共同使命使然。《大道融通》是一本站在马克思主义的立场上研究、传播中华优秀传统文化的通俗著作，内容既有历史深度，又有现实高度，生动活泼、意趣盎然，是一本古为今用的好书。

习近平总书记在庆祝中国共产党成立100周年大会上的重要讲话中指出："坚持把马克思主义基本原理同中国具体实际相结合、同中华优秀传统文化相结合"，为当代中国新文化的建设指明了方向。没有五千多年的中华优秀传统文化，就没有当代中国特色社会主义事业的伟大成就，优秀传统文化是当代中国在百年未有之大变局和新冠肺炎疫情暴发的复杂局势下，战胜重重困难的最大软实力。黄先生的著作，把中华优秀传统文化的许多基本原理，用许多古今中外的典故讲出来，更适合当代青年学子学习，这可能是他长期从事基础教育的巨大优势吧。

儒家文化有一个重要的价值观念——"和而不同"。《国语·郑语》记载，史伯曰："夫和实生物，同则不继。以他平他谓之和，故能丰长而物归之；若以同裨同，尽乃弃矣。"也就是说不同的事物和谐相处，才能够良性互动，产生新的事物；若把完全相同的事物简单叠加，则将一无所成。孔子将这一重要思想提高到哲学的高度，他说："君子和而不同，小人同而不和。""和而不同"简单的四个字，包含了丰富的哲理，成为中华民族为人处世的基本准则。若将这些思想放在大学的哲学课上，可以进行很多发挥和解读。黄程先生把这一深刻的哲理归结为"大道融通"这样一个通俗易懂的概念，正可谓"大道至简"。他认为："融即融合，通即领悟、达到。天下诸事，融则通，通则达。"他用历史与现实的大量生动案例，充分地解读了"大道融通"的丰富内涵。瞭望中国上下五千年的历史，正是融通让中华文化在历史长河中保持蓬勃生机。诸子百家思想的融通，成就了中华文化的深厚根底。而在佛教东传之后，富有融通智慧的士人们，更以开放包容的姿态接纳了佛学的哲理，最终形成了影响中华文明至深的"三教合一"的文化结构。到了清末民初，在西力东侵、西学东渐的历史潮流中，中华民族逐步实现了中西文化的融会贯通，西学的引进不仅没有造成中华文化的断绝，反而成为促进中华文化发展壮大的推动力量。融通不仅是历史之路，更是中华文明所推崇的处世之道。阅读《大道融通》，如同进行了一次丰富的中华文化精神之旅。

拜读完黄先生的著作，我深刻地体会到了一种化繁为简、深入浅出的文学享受。近代的中国哲人中，有人的学术特点是把简单问题复杂化，有人的学术特点是把复杂问题简单化。显然黄先生属于后一类，《大道融通》可以视为作者融通哲理的践行日记。无论是诗词歌赋，还是藏于历史中的典故，甚至只是生活中的小小见闻，作者都能从中看到问题、症结，他细心剖析每个问题，用生动有趣的事例进行类比说理，使深奥的问题变得浅显易懂。他不仅谈智慧，还谈自信、谈科学、谈诗词、谈新闻、谈道德……发现生活，体悟生活，在生活中贯彻融通的思想。大道无形，而作者凭借细致入微的观察力发现了生活中点点滴滴的融通之道，不仅是因为作者有渊博的学识，更因为作者已经将融通的思想贯彻于自己的生活。宋代大儒程颢曾经说过："吾学虽有所受，'天理'二字，却是自家体贴出来。"中国哲学的特点不在于严密的逻辑推理，而在于深入实践的亲身体会。可以说黄先生对"大道融通"的体会，得益于他长期从事教育事业，以及对社会生活的深刻体察。相信通过他的循循善诱、殷殷教诲，读者能够激活自己生命中的文化基因，在社会生活的实践中成为卓尔不凡的胜者。

由于把握了融通之道，黄先生的佳作每每推陈出新。比如子曰"道不同，不相为谋"，但是此书却提出了"道不同可相为谋"。因此在日常生活中很多对立的现象，都是相辅相成、相生相成的，比如偶然与必然、道德与法律、自由与秩序、民主与集中等。"同无妨异，异不害同；五色交辉，相得益彰；八音合奏，终和且平"。这是中国现代著名哲学家冯友兰先生在《国立西南联合大学纪念碑碑文》中所写，虽然具体是指北京大学、清华大学、南开大学三校在抗战时期的合作办学，但是这种和而不同的精神，则具有哲学的普遍性，可以为青年人在生活中对各种矛盾的思考与解决提供方案。

“大道融通”价值观念的最终导向，必然是指向了“大道之行”的“大同世界”，正如另一位当代国学大师费孝通先生所说：“各美其美，美人之美，美美与共，天下大同。”愿黄程先生和他的读者们都有一个圆满融通的人生！

中国人民大学教授

国际儒学联合会副会长、教育传播普及委员会主任

张　践

2021年8月

目录

第三篇　何以卓尔不凡

第四篇　人性的本质

第五篇　力量之源

第六篇　成败岂无凭

第七篇　相融相生

第八篇　天人合一

绪言：何谓融通

这是一个互相联系的世界，没有哪种事物可以独立存在。

这是一个错综复杂的世界，任何事物都是多种因素交织的结果。

这是一个高度融合的世界，自然界的万物因彼此融合而互为依存，人类社会的文化、经济、政治因交流融合而变得繁荣和美好，人与自然只有融合发展才能共生共荣。

一切都在融合中产生、发展、变化。

由此，融通，也唯有融通，才是我们认识问题、分析问题、解决问题的科学方法和核心能力。

何谓融通？

> 融即融合，通即领悟、达到。
>
> 天下诸事，融则通，通则达。

融通的基础是汇集的信息以及对信息的融合，信息越是丰富多样，融合越是具有广度和深度，融通就越是具有无限的可能。

> 同时保有截然相反的两种观念，还能正常行事，是第一流智慧的标志。
>
> ——菲茨杰拉德语

融通，不仅是一种思维方法，也是一种高超的思想。

学习、工作、生活会因这种思想的注入而柳暗花明，怡然自得。

思考、创造、创新会因这种思想的注入而灵感迸发，获得突破。

融通思想关系着人生成败、国家兴衰、文明进退。

融通是发展的大趋势。

第一篇

是什么塑造了人

民族的特质

每个民族都有其特质，特质的形成与这个民族的历史、文化、地理、环境、政治、经济、教育、科技等息息相关。当其中的一个因素或多个因素发生变化时，民族的特质也会发生一些演变。

历史上日本多次侵略中国，还曾侵略朝鲜等国。

这是怎样的一个民族？

忧患意识和扩张野心，曾是这个民族的特质。

特质的形成，与很多因素有关。例如，地理和环境促发了日本人的危机感和掠夺野心，日本地域狭小、交通不便、资源匮乏、地震等自然灾害频发，危机感让日本人奋发图强。唐朝贞观年间，日本就曾派出很多遣唐使、留学生到唐朝学习；在西方工业革命兴起时，日本又派出大批留学生，学习世界先进技术，同时开展自主创新，一直在赶超。因为资源匮乏，日本从来就没有停止过掠夺的步伐，日本历史上曾海盗泛滥，中国明朝时，倭寇就经常袭击东南沿海一带，大肆抢劫财物，由此，我们还出过一位抗倭名将——戚继光。

日本有着尚武的传统，早在幕府时期，武士阶层就是统治阶级，执掌着国家政权，日本浪人是由武士演化来的，好勇斗狠。

由武士阶层形成的武士道精神，其中有一点就是不怕死——果敢赴死，毫不留恋生命。由武士道熏陶出来的日本军人，不惜牺牲自己生命，同时也极不珍惜别人的生命。

日本武士、日本军人为什么特别钟爱樱花？原因之一：只要能亮丽瞬间，他们宁愿像樱花一样迅忽凋零。

历史上的游牧民族如我们熟知的匈奴族、蒙古族、女真（满）族、突厥族、契丹族等，地理环境决定了其生存方式——逐水草迁徙，这种艰苦的生活孕育了其坚毅、顽强、勇敢、粗犷的性格，长期的游徙和磨砺又使他们骁勇强悍、性情凶野，犹如虎狼。但是，游牧民族的这种逐水草迁徙的生活方式又不利于生产力的发展和文明的发生。

而农耕民族生存地域的自然条件较好，物产也较丰富，他们“凿井而饮，耕田而食”，生活方式稳定，相对富裕，社会分工多样。这种土壤有助于萌生先进的文化和高度的文明，同时，这种土壤使农耕民族养成了文雅、善良、柔和、守土的性格。

正因为游牧民族和农耕民族这些不同的特质，所以在他们长期的冲突中，我们常常看到——游牧世界对农耕世界的武力入侵和农耕世界对游牧世界的文化征服。我们也能发现——文化离开了武力的保护，易被毁灭；武力离开了文化的支撑，难于长久。

几千年来，中华文明何以能绚丽多彩、生生不息？“融通”

在其中发挥了重要的作用。

黄河、长江把中国的东部和西部连接起来，运河把中国的北方和南方凝结为一体，这为多元文化的交流和融合提供了一个十分有利的条件。

“礼”让社会有序，“乐”让社会和谐。西周以来的礼乐制度，使礼乐融通，礼乐融通又开启了不同地域的融通，礼乐精神也始终流淌在中华文明的历史长河中。

春秋战国时期，百家争鸣，多元思想的碰撞与融合为中华文明的发展奠定了浑厚的基础。

从秦汉大一统到魏晋南北朝、“隋唐盛世”，再到清王朝开国，各民族不断融合，直到全面融合，并在融合中呈现出勃勃生机和万千气象，融合带来的是思想丰收，是人才辈出，是文化灿烂，是艺术繁荣。

中华民族的性格也在这种深入融合的过程中臻善臻美——刚健含温和、粗狂杂优雅、厚重蕴轻灵、求同又存异。

从张骞出使西域到丝绸之路形成，到长安发展成国际贸易中心，到东京的繁荣，再到郑和下西洋，最后到“一带一路”倡议，中华民族以超凡的开放和包容向世界敞开了博大的胸怀，各种文化、各种文明在中华大地上大交汇、大融合。正是这种融通智慧创造出中华文明史上一个又一个异彩纷呈的辉煌时代。

从古到今，从融合万方到人类命运共同体，融通智慧不断缔造传奇，并将缔造更伟大的传奇。

自由的限度

庄子在《逍遥游》中借助大鹏描绘了一种豪放、浪漫的自由——“水击三千里，抟扶摇而上者九万里”，表达了自己“乘天地之正，而御六气之辩，以游无穷者”的高远志向。

庄子追求的是精神境界的绝对自由——“至人无己，神人无功，圣人无名”。

李白有诗云：“仙人有待乘黄鹤，海客无心随白鸥。”这是超越神仙的自由。

“生命诚可贵，爱情价更高。若为自由故，二者皆可抛。”在裴多菲的心中，自由是何等的珍贵。

古往今来，自由是多么令人向往，堪当“引无数英雄竞折腰”，无数仁人志士为自由而歌，为自由而搏，为自由而战。

然而，无论我们把自由想象得多么美好，完全的自由是不存在的，谁能一生自由，谁又拥有过绝对的自由呢？

自由总会受到各种各样的约束，诸如习俗、物质、时代、制度、法律、道德、组织、责任、能力等。

《礼记·曲礼上》中有言："入国而问俗，入门而问讳。"避讳是中国历史上极具特色的一种文化现象，要求对君主和尊长的名字不能直接说出或写出，要"改读"或"换说"。因为避讳，也闹出许多典故和笑话。

五代十国时期，君主频繁更替，但有个铁打的宰相——冯道，关于他的名字有一个笑话。有一天，冯道命门客给他讲《道德经》，而书中开篇第一句便是"道可道，非常道"，门客为了避冯道的名讳，于是就把第一句念作"不敢说，可不敢说，非常不敢说"。

苏东坡有个婢女，唤作春娘，才貌俱佳，东坡被贬黄州时，竟然以其换马，春娘责问东坡道："妾闻景公斩厩吏，而晏子谏之；夫子厩焚而不问马，皆贵人贱畜也。学士以人换马，则贵畜贱人矣！"遂口占一绝辞谢，诗曰：

为人莫作妇人身，百年苦乐由他人。

今日始知人贱畜，此生苟活怨谁嗔。

言毕，春娘下阶触槐而死，东坡甚为怜惜，悔之晚矣。

在上古母系氏族社会，母亲受到尊敬和崇拜。而在封建社会里，女人受"男尊女卑"观念的影响，受"夫为妻纲""三从四德"等礼仪的约束，能享有多少自由呢？

"可怜身上衣正单，心忧炭贱愿天寒。"这是白居易的《卖炭翁》留给我印象最深的一句话。卖炭翁身上衣服单薄，寒风刺骨，却宁愿忍受严寒，希望天气更加寒冷一些，可见极度的贫困已经禁锢了人的心灵，禁锢了人的美好愿望。

中国旅游研究院发布的《2019年旅游市场基本情况》数据显示：2019年，国内旅游人数达60.06亿人次，旅游业对GDP（国内生产总值）的综合贡献为10.94万亿元，中国公民出境旅游人数达到1.55亿人次。

这说明了什么？曾经奢侈的“旅游”已经进入寻常百姓家，很多人的假期安排变成了“周末周边游，每季要出省游，小长假还得出国游”。中国人也开始游历天下了，这背后是什么？是中国经济的快速发展，中国人富起来了。

一个民族有其传统，一个社会、一个集体为了维护既定的秩序，既有制定的法律、制度、规则，也有倡导的道德标准和价值观。

这些都是人的行为底线，也是给自由划定的界限。谁想突破，就得直面交锋，就可能面临抨击、责难、孤立、审判、惩罚，就可能付出巨大的代价，甚至牺牲生命。

高空抛物，即使东西很轻，也具有很大的危险性，被称为“悬在城市上空的痛”。因为高空抛物，发生过许多致伤、致残、致死的惨痛事件。可总有一些人，还是要随手向窗外扔东西，为此，最高人民法院印发了《关于依法妥善审理高空抛物、坠物案件的意见》。根据此意见，故意从高空抛弃物品，虽尚未造成严重后果，但足以危害公共安全的，就以危险方法危害公共安全罪定罪处罚。相信有了这个刚性的约束，高空抛物这种“任性的自由”情况会越来越少。

谁不想衣袂飘飘、轻盈潇洒呢？然而，在现实生活中，芸芸众生不得不负重而行。因为，生而为人，身系责任，来自家庭的、集体的、社会的、国家的责任，往往也是不能推卸的责任。

即便负重前行，那么能走多远？腾挪的空间多大？这取决于人的能力大小。

自由在哪里？习俗、时代、物质、制度、法律、道德、组织、责任、能力等，这些互相交织，进而搭建出一个框架，自由就在这个框架里。

这个框架的空间越大，自由的空间就越大，自由就越具活力，越具创造力。

突破了这个框架，自由就无法得到保障，可能会坠落，也可能不复存在。

美国的次级房贷危机是如何爆发的？爆发的根源是什么？美国的低收入群体，论经济实力，根本没有自由买房的能力，而次级抵押贷款政策却给了这些信用低、还债能力低的低收入群体购房的极大自由，从而人为地让自由突破了框架，结果不言而喻。

命运无常也有常

2015年9月2日，土耳其海滩，一具叙利亚幼童的遗体被海水冲上岸。穿着红色T恤、蓝色短裤的小身躯躺在沙滩上，这一幕刺痛了无数公众的心。

看到这一幕，泪水也模糊了我的眼睛，感触之余，命运，这个古老的话题，让我陷入深深的思索中……

命运无常。一个如花蕾般的生命，就这样因为战争，因为社会动荡，因为逃难而凋零了。

战争让叙利亚男孩遭受了灭顶之灾，一个鲜活的生命就这样终结了，他无法选择自己的命运，这对个体来说是一个悲剧，对全人类来说却可能是一个契机——人类能否警醒？能否选择和平？能否远离战争？

命运无常，许多事情——如战争、自然灾害、疾病、意外事故、飞来横祸等——都能出乎意料地改变人的命运。但命运也与许多因素——如见识、胆略、努力、性格、处境等——存在着内在联系，命运也有常。

明朝崇祯皇帝虽志向远大、勤政节俭、励精图治，但他自登基以来，却是厄运不断，自然灾害接踵而至——大旱、水涝、蝗灾、瘟疫全都暴发过。百姓流离失所，各地民变接连发生。同时，北方的后金又持续侵扰，对明朝虎视眈眈。这些厄运或难以预测或不可支配，但都被崇祯皇帝赶上了。

厄运尽管使明朝处于风雨飘摇之中，却不是明朝亡国的根本原因。崇祯虽勇于求治，但腹无良谋，又严苛多疑，无知人之明，导致朝政屡出大错，其亡国看似偶然，实则是必然。

有关“买彩票中大奖”的新闻常能引起许多人的关注，有人淡然，有人惊羡，有人效仿。或许你仅买了一张彩票就中了巨奖，或许你买了数千张、数万张，还是与大奖无缘，这是命运无常的一面。但从彩票的设计思路来看，“买彩票中大奖”肯定是极小概率事件，参与的绝大多数人最终只能是一无所获，如果你有了赌徒的心态，即使押上全部家当，押上身家性命，输得一无所有也是极大概率的事件，这又是命运有常的一面。

命运虽无常，但常理不能放弃，也无法放弃。

耕耘者遭遇天灾，颗粒无收；但耕耘者终究不能停歇，因为没有耕耘，就没有收获。

诚信者遭遇市场波动，蒙受了巨大损失；但诚信者还是必须坚守，因为离开了诚信，就失去了立身之本。

“塞翁失马，焉知非福。”不幸与幸常互相依存。

中华民族自鸦片战争以来，曾多次遭受外来侵略，经受了深重苦难，但也从那时起，中华民族开始觉醒，开始抗争，开始奋发，踏上了崛起的征途。

中国共产党从成立伊始，遭受过残酷的打击、迫害、屠杀，遇到过惊心动魄的危险，九死一生，然而中国共产党人百折不挠，前赴后继，在烽火硝烟中不断成长壮大，谱写了一曲震撼人心的乐章。

命运的无常与有常往往难以分割。

抗日战争期间，八路军总司令朱德转战到太岳山区的古县时，日军通过侦查获得朱总司令驻扎在此地的消息，于是立刻派十几架轰炸机前来轰炸，日军志在必得，朱总司令处在十分危险的境地，然而日军飞行员弄混了发音极相近的故县和古县，对离古县不远的故县进行了狂轰滥炸，这是命运的偶然——获得准确情报，却炸错了地方。但同时也是命运的必然——日军侵华，人生地不熟，对中华文化更是陌生，炸错地方又是必然的。

命运难以控制，但并非不能改变，这取决于人的态度和努力。

尼克·胡哲，澳大利亚著名演讲家，他一生下来就没有双臂和双腿，只在左侧臀部以下的位置长了一个带有两个脚趾的小“脚”，命运对他是何等的残酷。

但命运并没有击败尼克·胡哲，他怀着对生存的渴望，对生活的热爱，凭着勇敢和顽强，战胜了种种常人难以想象的困难，学会了保持身体平衡和打字，还学会了游泳、踢球、冲浪、打高尔夫球等，他甚至能在冲浪板上做360度旋转这样的高难度动作。

尼克·胡哲也圆满完成了大学学业，他还到许多国家和地区进行演讲，引起巨大反响并获得高度赞誉。

尼克·胡哲的人生正如他自己所说的："虽然环境不能改变，但你可以改变自己的心，改变你看待自己人生的眼光。"

自信当自知

自信即相信自己，是积极的自我评价。无数的杰出人物都谈到了自信的重要性：

天生我材必有用。

——李白

自信是成功的第一秘诀。

——爱默生

先相信自己，然后别人才会相信你。

——罗曼·罗兰

除了人格以外，人生最大的损失，莫过于失掉自信心了。

——培尔辛

……

人生需要自信，自信可带来乐观、力量、勇气，自信还可带给人魅力、希望、成功、幸福。

自信源自什么？自信的源头活水或是别人的欣赏、赞美、激励，或是自我一次次的成功体验，或是拥有真知灼见，或是富有丰厚积淀，或是身怀独特技艺，等等。

自信还须有自知。在树立强大自信的同时，如果少了冷静、理性、反思、谦逊，就会给自信留下缺陷——不懂得自知。有缺陷的自信会带来危害，甚至可能是致命的危害。

离开了冷静、理性，面对赞美，面对崇拜，你或许就无法正确认识自己和认识他人。那么你能否学会尊重、学会倾听？能否避免武断、傲慢、自负、刚愎自用、故步自封？

离开了反思、谦逊，面对顺利、成功，面对成绩、褒扬，你可能会忽视领导的支持、大家的帮助、有利的因素，可能会自我感觉良好，直至头脑发热，认为自己无所不能，变得盲目和任性。

赵括、马谡都是饱读兵书之人，深厚的知识积累成就了他们的自信，可也正是这些丰富的知识使他们盲目自大。当面对战场，面对复杂的形势时，他们拒不接受别人的建议，纸上谈兵，照本打仗，结果是一败涂地。

自信者并不稀缺，既自信又自知者可贵。

汉朝开国皇帝刘邦既有自信之力，又有自知之明。

刘邦的自信表现在多个方面：一是敢于担当，他当亭长时，因路上逃跑的犯人多，就干脆把所有被他押送服劳役的犯人全放了，自己也跑了；二是当机立断，自卑懦弱的人往往优柔寡断，刘邦处理事情总是干脆利落，即使他向别人承认错误，也是毫不犹豫。公元前200年，刘邦远征匈奴，由于不听娄敬的极力劝阻，带兵冒进，结果被匈奴围困在白登，幸得陈平出谋划策才脱离了险境，刘邦一回到广武，就立即释放了关押在那里的娄敬，向他赔礼道歉，当面认错，并给娄敬赏赐食邑两千户，封为关内侯，称作建信侯；三是敏于决断，刘邦本人虽然没什么谋略，但他善于判断，有敏锐的洞察力，更重要的是他能迅速定夺，不计后果，不惧风险。

刘邦的自知也是表露无遗。一次宴席上，他总结了自己取胜的原因："论运筹帷幄之中，决胜千里之外，我不如张良；论抚慰百姓供应粮草，我不如萧何；论统兵百万，决胜沙场，我不如韩信……"正因为有这样的自知之明，所以刘邦能够礼贤下士，广揽人才，知人善用，最大限度地发挥他们的才能。刘邦用人，也是不拘一格，别开生面：萧何是县丞，张良是贵族，陈平是游士，韩信是平民，樊哙是屠夫，灌婴是商贩，周勃是乐手，娄敬是戍卒……

反观项羽，自信有余，却不懂自知。

项羽自命不凡，自恃天下第一英雄，神勇无敌，所以非常高傲，经常轻视别人，他看不到别人的长处，自然也看不到自己的不足，所以刚愎自用、心胸狭窄、不明是非，终至众叛亲离，兵败垓下。直到生命的最后一刻，项羽也不知反思自己，有诗为证："力拔山兮气盖世。时不利兮骓不逝。骓不逝兮可奈何！虞兮虞兮奈若何！"

自信又自知者强大。

自信需要自知，自知又可催生自信。

世上没有完美的人，只有完整的人，完整的人就有七情六欲，就有喜怒哀乐，就有优点和缺点。你只有知道了这个道理，产生的自信才更加深沉，更加持久，更加坚定。

《亮剑》为什么让人百看不厌，李云龙这个形象为什么让人如此喜爱？一个重要的原因是，李云龙这个形象被塑造成了一个完整的人——具有正气、豪气、霸气、土气、憨气、义气、灵气，还有那么一点儿匪气。

一半清醒一半糊涂

久旱逢甘雨，他乡遇故知。

洞房花烛夜，金榜题名时。

人生美好的事物不胜枚举，当我们遇到或得到时，快乐的感觉自会溢满心间。

但人有悲欢离合，月有阴晴圆缺，此事古难全。

许多事情很难尽遂人意，行进的道路上总会坎坎坷坷，正所谓“天有不测风云，人有旦夕祸福”。

老子有言：“祸兮福之所倚，福兮祸之所伏。”

面对幸与不幸，面对福与祸，我们该持什么样的人生态度？

人生得意时，有了清醒，就会知道命运的眷顾，就会珍惜来之不易的机会，就会感恩家国、师长及所有曾为自己付出的人。

人生得意时，有了糊涂，就会看淡功名富贵，避免因其所累；就会心胸宽广，处之泰然，绝不会为了维护自己的功名利禄而去报复那些诋毁自己的人。

人生失意时，有了清醒，才能深刻理解人生的不完美。才能静心反思，总结教训，寻找出路；才能“不以物喜，不以己悲”。

人生失意时，有了糊涂，才不会对命运的不公耿耿于怀，才不会因别人的轻视而愈增不满，才不会因别人的嘲讽而愈添烦恼。

人生失意时，在糊涂中不知不觉就放下了装着不良情绪的包袱，只有这样，人才能轻装前进，走得更远。

宋朝的吕端，经历了三代帝王，为政近40年，建树颇多，宦海生涯却顺风顺水，几乎没有遭遇过什么大的挫折。吕端的成功既与他的“清醒”有关，也与他的“糊涂”有关。吕端在小事上糊涂，在事关个人利益的事情上糊涂。他对攻击自己的言论充耳不闻，对关乎自身名利之事总能糊涂了之，由于不置产业，以至于吕端去世后，他的儿子竟因贫困而把房产抵押给了别人，还是宋真宗知晓此事后，帮吕家解了燃眉之急。

吕端在大事上非常清醒。宋太宗在位的时候，立赵恒为太子，准备传位给他，但当太宗病危时，内侍王继恩联络一些大臣图谋另立太子。太宗驾崩时，皇后命王继恩去召见吕端，吕端敏锐地察觉到可能有变故，就果断地把王继恩锁在了自己的府中，严加看管。吕端火速赶到朝中，又晓以大义和利害，劝说皇后让太子继承了皇位。宋真宗赵恒继位后第一次登殿时，垂帘接见朝中群臣，吕端担心帘子后面坐着的不是真宗本人，便站在殿下不拜，要求将帘子卷起来让大家看清楚了再拜，等吕端确认是太子后，才率领群臣跪拜。

与人相处，如果能清醒地看到别人的优点和长处，就会学会欣赏和借鉴。如果对别人的缺点和不足多些糊涂，便能多份包容和宽容。

生命是如此美好，可是人从诞生之时起，生命就开始一点点流失，逐渐走向消亡。我们明白生命的短暂，当珍惜光阴，奋发有为。同时，对生命的这种不可避免的结局，我们焉能时时记挂在心？糊涂不失为一种更好的选择。

人是融合的产物

是什么塑造了人？这个问题争论已久。

是天赋吗？

“种瓜得瓜，种豆得豆。”遗传基因影响人的性格、智力等。中国古代就有许多天才少年——甘罗十二岁为丞相、曹冲童年称象、蔡文姬六岁辨弦音、司马光七岁砸缸救人、骆宾王七岁咏鹅……这些例子足见天赋的重要。

但天赋能决定一切吗？王安石写过一篇文章《伤仲永》，讲述了一个叫方仲永的人的故事。方仲永小时也是一个通达聪慧的神童，指物作诗，一挥而就，且文采内容俱佳。于是有人请他父亲带他去做客，也有人拿钱帛请他作诗，他的父亲见有利可图，便每天拉着他到处拜见人，而不是让他学习。多年以后，方仲永已变得与常人无异，由天才变成了平庸之人。

天赋固然重要，但也不能决定一生，后天的教育、经历和环境同样重要。

是什么塑造了人，是环境吗？

人不能单独存在，总是处在各种各样的环境中，这个环境包括自然环境、家庭环境、社会环境。

自然环境对人的影响是多方面的。俗话说：“一方水土养一方人。”人的衣食住行、习惯、性格等都受到自然环境的影响。赵武灵王为什么要“胡服骑射”？游牧民族会穿长衫子、长袍子吗？当然不会。在古代，食肉、喝奶、穿皮毛制品是游牧民族鲜明的生活、文化特征，而农耕民族主要食五谷杂粮，穿自己纺织的棉布衣服。南方人与北方人的性格也是有差异的，一般来说，南方人温和、细腻、内敛，北方人热情、粗犷、豪爽。西北方的黄土高原会诞生“信天游”，而非江南的小调，反之亦然。为何会这样？歌声与地域、与当地居民的性格也是相融的。

家庭是一个重要的场所，父母的观念、思想、爱好、教育方法等，都对孩子有非常重要的影响，直接关乎着孩子的成长和发展。家庭和睦团结，孩子就学会了友爱、互助；家长专横、过于严厉，孩子就会缺乏自信心、独立性、安全感，变得或消极，或懦弱，或自卑，或暴戾，或蛮横；家长过于娇宠，孩子就极易任性、自私、傲慢；家长冷漠、不闻不问、放任自流，孩子就会变得孤独、散漫、妒忌心强、冷酷、放纵；家长民主、宽容，孩子就能学会公正、平等、忍耐、谅解；家长的爱好有助于发展孩子的特殊才能，莫扎特的父亲是一位音乐教师，莫扎特从小耳濡目染，受到了良好的音乐熏陶，使他对音乐产生了浓厚的兴趣，并最终成为享誉世界的音乐大师。

社会环境也能潜移默化地改变一个人，孟母三迁的故事我们都不陌生。孟子很小的时候，父亲就去世了，他是由母亲抚养长大的，孟母是一个有知识、有头脑、有远见的人。孟子的模仿能力很强。他家以前在坟地附近，也许见得多了，他就和小朋友们一起玩筑坟墓或学别人哭拜的样子。他的母亲认为这个环境不好，就把家搬到集市附近。时间一长，孟子又学起小商小贩的叫卖声来了，孟母觉得这种环境也不利于孩子成长，便再次把家搬到一个学堂旁边。日子久了，孟子和人见面时也模仿那些读书人作揖或鞠躬，还仿照读书人的样子拿书来读。后来，孟子发奋学习，最终成为我国古代伟大的思想家、政治家、教育家。

环境虽重要，但也不能完全决定人的思想、道德、行为。同样的环境，可能造就差别很大的人。

同一地域乃至同一家庭的人，也会出现习惯不同，性格迥异。

身处艰难困苦，有的人磨砺出坚韧、顽强、乐观；有的人滋生出消沉、畏缩、悲观。

身处富贵安逸，有的人形成温雅、豁达的性格，勤劳俭朴、积极进取；有的人则形成骄奢、任性的性格，肆意妄为，放荡不羁。

面对压迫和奴役，有的人逆来顺受、委曲求全；有的人英勇无畏、奋起反抗。

近朱者未必赤，出淤泥可不染。

陶渊明宁肯归隐田园也不愿身处污浊险恶的官场为官，即使遭受火灾，贫病交加，也不改初衷；屈原处于“腥臊并御，芳不得薄兮”的环境中，丝毫不坠青云之志，“固将愁苦而终穷”，“路漫漫其修远兮，吾将上下而求索”。

隋文帝杨坚励精图治，开创了辉煌的开皇之治，使隋朝变得强盛与富裕起来。到了唐贞观十一年（公元637年），隋朝已灭亡约20年，隋文帝已经死了30余年，唐监察御史马周对唐太宗李世民说：“隋家储洛口，而李密因之；西京府库，亦为国家之用，至今未尽。”隋朝如此富裕，杨坚贵为天子，却节俭爱民，食不重肉，也不用金玉饰品，他提倡官员节俭，教育子女节俭。然而，他的儿子——后来的隋炀帝杨广，却生活奢靡，大兴土木，滥用民力，致使民变四起，天下大乱，江山易主。

是什么塑造了人，是教育吗？

教育是提高人的思想道德素质和科学文化水平的基本途径，是人形成人生观、世界观、价值观的重要基石。教育可使人产生持久而深刻的变化，教育对人的重要性不言而喻。那么教育能塑造人的一切吗？同样的教育会带来相同的结果吗？

孔子，春秋末期思想家、政治家、教育家，儒家学派的创始人。孔子一生培养弟子三千余人，身通六艺（礼、乐、射、御、书、数）者七十二人。他的弟子们对他非常崇敬，虽师从同一人，都过孔门洗礼，许多知名弟子却性格不同、才气各异、志趣有别。如子路爽直鲁莽，勇猛好武，忠诚守信；如子贡善于雄辩，办事通达，头脑精明，经商有方；如子夏才思敏捷，以文学著称，常有独到见解，他并没有严格恪守孔子之道，是一位具有创新性的思想家，发展出一套偏离儒家正统政治观点的政治及历史理论，他能与时俱进，面对春秋末年各国图强、礼崩乐坏的局面，他显现了尚法求变的思想苗头，他的政治思想也影响了法家思想的发生和发展。

朱元璋，明朝开国皇帝，史称明太祖，是卓越的军事家、战略家、政治家。朱元璋幼时因家贫而无法读书，曾为地主放牛，后来由于灾荒不断、亲人去世，他在走投无路之下，去皇觉寺出家为僧。不久，又因饥荒，17岁的朱元璋只好云游化缘，托钵四处流浪。回顾这一段历程，朱元璋几乎没受过什么专门的教育，但这也并没阻碍他的成才与成功——凭着颖悟、机敏，在社会这座大熔炉中，朱元璋增长了见识，开阔了视野，积累了经验，铸就了坚毅、果敢的性格。入伍后，又凭着雄心、才智、胆识、远见，一往直前，开拓进取，直至君临天下。

是什么塑造了人？是际遇吗？

人的成功与失败，祸与福，苦与乐，悲与喜，得意与失意，爱与恨，都可能与际遇有关。

大千世界，你遇到什么样的事物；芸芸众生，你遇见什么样的人；你看到的一句名言，听到的一次讲演，观看的一场电影，阅读的一本好书，等等。这些都可能改变你的命运。

汉宣帝刘询，原名刘病已，本是汉武帝时皇太子刘据的孙子，出生数月，即逢巫蛊之祸，皇太子刘据被人诬陷，因恐慌而起兵自保，失败后自杀，其妻妾和子女皆死，唯独襁褓中的刘病已逃过死劫，但被下狱。在狱中得到正直、忠勇的廷尉监邴吉的保护和照顾，汉武帝醒悟后，刘病已得救，被送到祖母家里，后又被召回掖庭抚养。刘病已聪明好学，又喜欢游历，后来汉昭帝驾崩，没有儿子，昌邑王刘贺被权臣霍光议立而又很快被废黜，之后在光禄大夫、给事中邴吉的极力推荐下，将刘病已迎入未央宫，即了皇帝位。

汉宣帝来自民间，生活阅历丰富，受过牢狱之灾，经历坎坷，这一切磨砺了他，也历练了他。所以，他能在危机四伏中隐忍克制，韬光养晦；他体察民间疾苦，深知“吏不廉平，则治道衰”。故能赏罚严明，整饬吏治；由于经受过牢狱之苦，他废除苛法，平理冤狱。

刘询的际遇曲折而又奇特，若没有那么多的机缘巧合，不可能成就这位杰出的皇帝。

鲁迅，中国现代伟大的文学家、思想家，他曾就读医学专门学校，因在课间观看“日俄战争教育片”，感触很大，感悟颇深，遂决定弃医从文。没有那次际遇，鲁迅将成为什么人物，未知也。

际遇重要，可际遇无常，难以预测，有谁能够完全支配自己的际遇呢？

天赋、环境、教育、际遇都能影响人，却又无法完全决定一个人的命运，那究竟是什么塑造了人？

我认为是天赋、环境、教育、际遇的奇妙融合塑造了人。人是融合的产物。

每个人的天赋、所处的环境、受到的教育、难以预测的际遇不可能尽皆相同，故融合的结果当然不一样——每个人都是独一无二的存在。

第二篇

开启智慧之门

“理性”“感性”一相逢

宋代词人秦观在《鹊桥仙》里有一句：“金风玉露一相逢，便胜却人间无数。”我想借用一下这句话，把它改成：“理性感性一相逢，便创造奇迹无数。”

为什么这样说？

因为许多杰出的人物都是集理性与感性于一身的。许多伟大的创造都是由深沉的理性与炽烈的感性在相互交融中迸发出来的。

《祭侄文稿》是唐代书法家颜真卿祭悼其侄颜季明的草稿

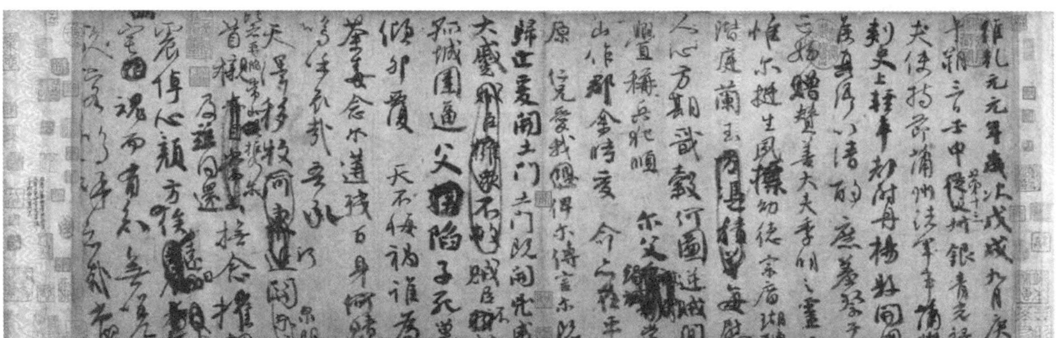

（见上图），被誉为“天下行书第二”。

颜真卿师承多家，潜心研习，其楷书严谨至极，面对亲兄长与亲侄子的惨死，他抚今追昔，沉痛切骨，悲愤交加，《祭侄文稿》就是由他强烈的感情和深厚的积淀共同浇灌出来的杰作。他的书法底蕴与激越的感情融和无间，故观看《祭侄文稿》能感觉到那种正气凛然、气势磅礴，那种英烈风骨、情如潮涌。

科学崇尚理性，逻辑严密；艺术崇尚感性，想象飞扬。但科学若离开艺术，可能就缺失了点燃灵感的火花；艺术若离开科学，或许就缺失了深刻的哲理和深邃的思想。

爱因斯坦说过：“音乐世界赋予我的直觉，对我的新发现‘运动物体的光学原理’有着极大的帮助。”众所周知，他不仅喜欢歌德、莎士比亚等人的文学作品，而且酷爱音乐，是个出色的小提琴手。

物理学中有个开普勒定律，其实开普勒不只是位天体物理学家，还是一位知名的音乐家。他将自己对音乐的超凡感受力融进了他的天文学研究中，他号召音乐家和自己共同研究，因为音乐家最懂得和谐。关于行星的运动方式，开普勒有这样一句话：“现在，天王星啊，我们需要更丰富的音调！”

诗词是感性的，同时又是理性的。一个人如果没有对自然、对社会、对人生的深刻理解，是无法写出传世佳作的，这样的例子不胜枚举：

不畏浮云遮望眼，

自缘身在最高层。

——王安石《登飞来峰》

沉舟侧畔千帆过，
病树前头万木春。

——刘禹锡《酬乐天扬州初逢席上见赠》

问渠那得清如许？
为有源头活水来。

——朱熹《观书有感》

竹杖芒鞋轻胜马，谁怕？一蓑烟雨任平生。

——苏轼《定风波》

长风破浪会有时，
直挂云帆济沧海。

——李白《行路难》

会当凌绝顶，
一览众山小。

——杜甫《望岳》

法国小说家纪德说：“伟大的作品是由疯狂所唤起，而由理智来完成。”

理性和感性是并蒂莲，它们是和谐统一的，汲取的共同养分即是美——协调、对称、简洁、优雅、缜密、巧妙、情趣……

俄国科学家门捷列夫发现化学元素的周期性后，依照原子量，制作出了世界上第一张元素周期表。这张表是那样对称、和谐，各行各列元素的关系是那么严密和微妙，整张表既像一幅妙趣横生的图画，又像一曲节奏明快的乐章。

著名数学家哈代认为：“最好的数学既是美的，同时又是严肃的。”

美无处不在，物理学中的一些著名公式如$E=mc^2$、$I=\frac{U}{R}$、$F=ma$等，是多么简洁。数学中的许多对称图形，如等腰三角形、正多边形、圆、圆锥、等腰梯形等，都是美丽图案；数学中的许多曲线简直就像“谁持彩练当空舞”，优美极了。生物学中的DNA（脱氧核糖核酸）双螺旋结构，不也是一件巧夺天工的艺术品吗？

对美的渴望和追寻，正是大师探索和创新的不竭动力。

感性和理性既相互依存，又相互制衡。

一个人过于感性，容易走向极端、狂热、盲从；一个人过于理性，又容易偏向现实、保守、僵化。

春秋时期的霸主齐桓公特别喜欢穿紫色的衣服，紫色是怎么来的？是用红色和蓝色调和出来的，而红色热烈，代表着感性，蓝色冷静，代表着理性，这从一个侧面反映出齐桓公这个人也是兼具感性和理性的。

齐桓公的感性是强烈的，例如他好猎好酒，雄才大略。齐桓公的理性也是强烈的，他能听从鲍叔牙的建议，不计私仇，思贤若渴，重用曾射自己一箭的管仲为相国。

晚年的齐桓公是昏庸的，为什么会这样呢？主要原因就是他严重偏向了感性，完全凭感情用人，不能正确察人识人，从而导致他错用了三个奸臣——易牙、开方和竖刁。由于这三个人专权乱政，齐国开始走向衰落。我们且来听听理性的管仲是如何评价这三个人的：易牙杀掉自己的孩子来讨好君主，不合人情，不可以用。开方背弃亲人来讨好君主，不合人情，难以亲近。竖刁自宫来讨好君主，不合人情，难以亲爱。

历史上有个有趣的故事——东方朔救乳母。汉武帝的乳母犯了罪，汉武帝出于理性——王子犯法与庶民同罪，要依法严惩，处死乳母。乳母向东方朔求救，东方朔告诉她："你临别的时候不要多说话，只记得频频回头看汉武帝。"乳母照做，这时，在汉武帝旁的东方朔对乳母说："你赶快走吧，皇帝现在都已经长大了，怎么还会惦记着你哺乳时的恩情呢？"这让汉武帝不免产生了依恋之情，就悲伤地怜悯起乳母了，于是下令赦免了乳母。东方朔为什么能成功救出乳母呢？他利用并激发了武帝的感性。

许多人之所以喜欢看武侠小说，是因为武侠小说契合了人的感性——童话般的爱情、独步天下的绝技、快意恩仇的江湖、无处不在的捷径等。武侠小说带给我们多少美好的憧憬，又伴随我们度过多少快乐的时光。然而，在现实生活中，爱情或许既是浪漫的又是世俗的，捷径往往是一步一个脚印走出来的，我们不能意气用事，更不能快意恩仇。

理性的世界里有了感性，宛如有了流云、飞鸟、河流；感性的世界里有了理性，宛如有了高山、森林、大地。

中国共产党人为什么能最终取得胜利？单从领袖个人层面来

看，在毛泽东的革命生涯中，感性和理性的光芒常常是交相辉映的，他的乐观——无论面对怎样的艰难险阻，“更喜岷山千里雪，三军过后尽开颜”；他的想象——虽从没进过军事学院，也几乎没读过什么军事论著，却提出了“游击战”“运动战”等思想，他会出其不意、料敌如神，常常有神来之笔；他的远见——面对日寇的汹汹气焰，有人持“速胜论”，有人持“亡国论”，他却写出了《论持久战》，令人折服；他的气魄——“今日长缨在手，何时缚住苍龙”，“指点江山，激扬文字，粪土当年万户侯”，由这些文字可见一斑。

开发大脑

思维的本质是什么？

如何激发大脑的潜能？

如何拥有创造力？

我们的大脑通过不同的感觉器官接收外界不同类型的繁杂信息，这些信息进入大脑以后是如何被应用的？如何让这些信息更好地服务于我们的需要？又如何增加我们的智慧？

当你想记住一个人的名字时，如果能把这个人的名字与他的相貌、职业、爱好、性格、气质等一个或多个信息融合在一起，就会容易些。

《红楼梦》中人物的名字，或概括了人物的性格，或隐喻了人物的命运，或暗示了人物的出身，或讽刺了人物的为人处世。如葫芦（糊涂），霍启（祸起），英莲（应怜），冯渊（逢冤），元春、迎春、探春、惜春（原应叹息），胡州（胡诌），娇杏（侥幸），妙玉（庙玉，原是出家人），卜世人（不是人），贾化（假话）等，这样的名字有含义、有故事、有趣味，一读便再难忘记其人其事。

当要认识一件物品，如“笛子”时，如果能把玩这支笛子，感知它的形状、颜色、质地，听一听吹奏出来的声音，并进而把这些感觉融到一起，那么，你对笛子的认识将会深刻些。

当要记住一组物品，如篮球、树木、猴子、汽车、冰激凌、帽子、笔等时，如果我们营造一个情境，将这些信息融合起来——篮球被扔到树上卡住了，这时一个戴着帽子、吃着冰激凌的猴子开着汽车过来了，它爬上树就把篮球取了下来，然后有人奖励给猴子一支笔，猴子把笔别在了胸前。如此一来，这些信息就融合成了一个有趣的小故事，这样记起来是不是事半功倍?

解答一道数学题时，需要将已知信息与定理、公式等信息联系并融合起来，从而得出未知信息，这样的信息融合常常依循一定的规律，是有序的。

梦境为什么常是离奇荒诞、不合情理的?因为这是信息的一种自由融合，常常是无序的。著名的超现实主义艺术家——达利，有着非凡的才能和脱俗的想象力。他的作品把怪异如梦境般的形象与卓越的绘图技术和绘画技巧融合在一起，其《联欢晚会和老虎》的作品中，老虎凶恶地扑向对准人的枪和人，鱼正在吞噬老虎，炸开的石榴又似乎在摄取鱼的躯体，天上飞着长了巨型蜘蛛腿的大象，而大象又像被渔网捞走。据记载，这幅作品就是达利在他的梦境或幻觉的基础上创作出来的。

实现信息的有序融合，需要学习和掌握人类已经掌握的原理、定理、公式、规律、定律、公理等。

实现信息的无序融合，需要无拘无束、逍遥自在、如梦如幻的状态。

思维的本质就是信息的融合，这种融合可以是有序的，也可以是无序的，还可以是有序和无序并存的。有序的融合从经验、规律、法则出发，符合逻辑，因此，有序的融合更趋向于严谨、严密；而无序的融合则信马由缰，不需要遵从什么，所以，无序的融合更趋向于新颖、奇特。从这个角度出发，做梦有助于思维能力的培养。

有序和无序相结合才能更完美，更富有力量，更富有创造力。

阿姆斯特朗被一位富有的商人诬告，因此法庭指控他谋财害命，林肯出庭为被告进行辩护，但原告收买了一位名叫福尔逊的人作伪证。福尔逊信誓旦旦地确认：10月18日晚11点钟，他在草堆后面，亲眼看见被告在草堆西南二三十米远处开枪杀人，因为月光照在被告脸上，他看清楚了作案者是阿姆斯特朗。

林肯当即指出，证人是彻头彻尾的骗子，一派胡言。理由是："当晚是上弦月，晚上11点月亮已经落下，哪里来的月光？即使证人记错了时间，假设月亮还没有落下，但他站在东边，被告人站在草堆西边，此时月光应该是从西边往东边照射。如果被告面朝大树，月光照在他的脸上，那么证人只能看到被告的背影。如果被告面对着证人，月光则只能照到被告的后脑，证人又怎能在二三十米开外看清被告的脸呢？"

原来，林肯仔细研究了全部案卷，并到案发现场进行了调查，收集了大量的信息，并把自己丰富的知识和经验与这些信息进行碰撞融合，进而分析得出证言是假的，使被告得以洗冤。

奥斯本创立的头脑风暴法，为什么要求专家小组成员最好由不同专业或不同岗位者组成？为什么要营造自由、轻松、和谐的氛围？为什么要延迟评判、禁止批评，让每个人畅所欲言？为什么要互相启发和激励？

因为，信息越丰富，融合就越具多样性，越具无限的可能性。融合越有广度和深度，就越能激发大脑的潜能。

融通出妙想

在古代，军队长期守边存在不少的困难——百姓负担重、转运粮饷艰辛且消耗大、士兵因思念家乡而军心不稳等。如何解决？古人走出了军民融合的道路——实行屯田制。军队闲时耕种，战时打仗，士兵亦兵亦农，亦农亦兵，在当地可以成家立业，守边即守家，保家即保国，这真是一举多得的好办法。

流水别墅是名扬四海的著名建筑，位于美国宾夕法尼亚州费耶特县米尔润市郊区的熊溪河畔，由享誉世界的建筑师赖特设计。建筑与溪水、山石、悬崖、树林、峡谷相互交融，浑然天成。明媚的阳光在室内流转，山野的清风沁人心脾，淙淙的水声飘入别墅，既超凡脱俗又生机盎然，令人沉醉。别墅的主人考夫曼在捐献仪式上说："流水别墅的美依然像它所配合的自然那样新鲜，它曾是一所绝妙的栖身之处，但又不仅如此，它是一件艺术品，超越了一般含义。住宅和基地在一起构成了一个人类所希望的与自然结合、对等和融合的形象。这是一件人类为自身所作的作品。"流水别墅现在已是旅游胜地，虽位置偏僻，但人流如织。

思考的实质就是信息的交汇和融合。信息可以是同一领域的，也可是不同领域的。信息越多样，在交汇和融合时，就越易迸出灵感的火花，就越具创新的活力。

德国化学家本生，发明了能产生高温的“本生灯”。之后，他发现不同的物质用本生灯燃烧时会产生不同颜色的火焰，他猜想是否可以利用火焰的颜色来鉴别物质的化学成分。于是他做了大量的实验，但因为火焰的颜色经常太接近而难以分辨，或者因为在复杂物质中，各种颜色互相掩盖，使人无法辨别，所以一直无法突破。

直到有一天，他对一位物理学家基尔霍夫谈起他研究时遇到的难题，基尔霍夫从物理学的角度，另辟蹊径——不直接观察火焰，而利用三棱镜观察火焰的光谱，这样所有颜色一目了然。因为本生和物理学家基尔霍夫的合作，他们最终创立了分析物质化学成分的“光谱化学分析法”。利用这一方法，科学家后来发现了铯、铊等许多种化学元素。

2008年诞生的演唱组合“玖月奇迹”，一登场就走红了，赢得广泛赞誉并获奖无数。

“玖月奇迹”的表演为什么能如此吸引人？因为他们有一种杰出的创新——将民族唱法和流行演唱等各种唱法自由结合，将双排键的演奏与舞蹈结合，将现代流行音乐与中国音乐元素结合，将东方文化与西方文化结合；又将双排键表演、各种唱法、现代流行音乐与中国音乐、东方文化与西方文化等完美融合，开创了一种崭新的表演模式。

思想因相融而丰富，文化因相融而多样，科学因相融而出新，艺术因相融而多彩。

一个集体，一个国家，文化越多样，社会越多元，思想越自由，融通的基础就越深厚，就越具有创造的活力。

纵观世界历史，一个国家的崛起，无不是建立在与世界密切交流的基础之上。

融通出妙语

《红楼梦》里，王熙凤可不是个等闲人物，美丽华贵，机敏善变，精明能干，泼辣狠毒，她还有着过人的口才。

林黛玉进贾府，王熙凤初见黛玉时笑道："天下真有这样标致的人物，我今儿才算见了！况且这通身的气派，竟不像老祖宗的外孙女儿，竟是个嫡亲的孙女。怨不得老祖宗天天口头心头一时不忘。只可怜我这妹妹这样命苦，怎么姑妈偏就去世了！"

这短短的几句话，融入了多少人情——夸奖了林黛玉，恭维了贾母，赞美了元春、迎春、探春、惜春，体现出贾母的疼爱之情，表达出自己失去姑妈的悲痛和对黛玉的同情。所以众人听了，哪个不开心？哪个不欢喜？

和人说话，需要考虑说话对象的身份、地位、职业、爱好、兴趣、经历、性格、交往等多方面的情况。说话的过程中，有选择地将这些信息融入话语中，可以更容易把握分寸、拉近距离、引起共鸣，也可以巧妙地化解尴尬、反驳对手、赢得尊严。

三国时期，曹丕做了皇帝后，十分疑忌弟弟曹植，总想害他。于是以曹植不孝为由，把他召进皇宫，限令曹植在走七步路的短时间内作诗一首，否则，就论罪处死。

生死关头，才华横溢的曹植难抑内心的悲愤，略为思索，便咏出著名的《七步诗》：

> 煮豆持作羹，漉菽以为汁。
> 其在釜下燃，豆在釜中泣。
> 本自同根生，相煎何太急？

面对身为哥哥的皇帝，面对曹丕的猜忌、残忍，曹植以浅显生动的比喻说明兄弟本为手足，不应自相残杀，委婉深沉，讥讽之中又有深情规劝，让曹丕感到十分羞愧，打消了加害曹植的念头。

1959年，时任美国副总统的尼克松赴苏联主持美国展览会开幕典礼，在这之前，美国通过了一项关于被奴役国家的决议，对苏联和东欧社会主义国家进行攻击。苏联领导人赫鲁晓夫对此十分不满。当尼克松与赫鲁晓夫会晤时，赫鲁晓夫质问尼克松："我不明白你们国家为什么会在如此重要的国事访问前夕通过这种决议，这使我想起了一句谚语——'不要在茅房吃饭'。"说到这儿，他难抑愤怒，变得粗俗起来："这个决议臭得像刚拉下来的马粪，没有比这马粪更臭的东西了！"说完，眼睛盯着尼克松，使尼克松非常难堪。虽然美国做法欠妥，但赫鲁晓夫也有失起码的外交礼仪，尼克松决定反击。他来苏联前看过赫鲁晓夫的背景材料，知道赫鲁晓夫年轻时当过猪倌，于是他也盯住赫鲁晓夫，平静地回敬道："我想主席先生大概说错了，还有比马粪更臭的东西，那就是猪粪！"赫鲁晓夫听后，傲气大减，开始变得和颜悦色。

与人沟通，如果将时间、地点、场景、情境等和自己所要表达的内容巧妙地结合起来，常会达到幽默、机智的效果。

第二次世界大战发生后，丘吉尔临危受命担任英国首相，领导英国进行反法西斯战争。当战争进行到白热化阶段时，反法西斯战场所需的武器和物资非常紧缺，丘吉尔首相来到华盛顿会晤美国总统罗斯福，寻求援助。翌日早上，丘吉尔像往常一样，洗完澡后，光着身子，一边抽着长长的雪茄，一边踱步，陷入沉思。没想到门开了，性急的罗斯福进来了，美英领导人在这样的时刻、这样的环境中见面了，丘吉尔大腹便便，赤身裸体，罗斯福惊愕不已，忙说"对不起"，但丘吉尔微笑着说道："总统先生，大英帝国首相在你面前可真是没有一点儿隐瞒了！"说完，两人不约而同地大笑起来。"坦诚相见"的结果是，丘吉尔得到了美国政府的支持。

丘吉尔将英国面临的窘境、自己寻求支持的诚挚和当时的尴尬情境，奇妙地融合成"毫无保留，坦诚相见"，实现了预期的目的。

有一次，苏格拉底正在和他的学生讨论学术问题，他泼辣的妻子因为一件小事吵闹不休。正在气头上的妻子竟然提来一桶水，当着学生的面，劈头浇到苏格拉底身上。在场的学生既惊异又尴尬，都以为苏格拉底这回定会发火。哪知苏格拉底摸了摸浑身湿透的衣服，心平气和地对学生说："我就知道，雷霆过后，必有大雨。”学生欣然而笑，他妻子的怒气也化为乌有。

一句话，足见这位哲人的修养、胸怀、睿智。

赞美中融入真实、真诚，更能打动人。

批评中融入激励、期待，更易被人接受。

建言时多些商量、欣赏，能够避免抵触和不悦。

拒绝时多些委婉、坦诚，能够得到理解、尊重。

劝慰时渗入体贴、同情，可送人温暖，让人认同。

和解时渗入谦逊、尊重，可消除隔阂，获得友好回应。

在英国，流传着一个关于女王敲门的故事。

某天，英国女王维多利亚与丈夫吵架，丈夫独自回到卧室，闭门不出。女王回卧室时，只好敲门。

丈夫在里面问：“谁？”

维多利亚傲慢地回答道：“女王。”

出乎意料，丈夫既不开门，又不说话，她只能再次敲门。

里面又问：“谁？”

“维多利亚。”女王的语气平和了一些。

没想到里面还是没有动静，女王只得再次敲门。

里面再问：“谁？”

女王柔声软语：“你的妻子。”

这一次，门开了。

……

运用融通的智慧，应有广博的知识、深刻的见解、练达的人情、敏捷的思维。

有感方悟

人有五种感觉：听觉、视觉、嗅觉、味觉、触觉。如果我们能体验这些感觉，并将这些感觉与自己的学识、见识、阅历等相融通，我们就可能获得对事物的深刻领悟，并留下经久难忘的记忆。

我在给学生讲授“能量”的概念时，先出示了一个弹弓，问道：“有何感受？”学生看着它神色自若，静如止水。然后我搭上石块，拉开了弹弓，并瞄向了学生。他们不再平静了，面露惧色，身体不由自主后倾。抓住时机，我画龙点睛：为什么前后感觉反差那么大？这正是因为弹弓具有了能量。如此，“能量”这个抽象的概念，就化成了学生的一种身体的感觉、情感的参与、生命的体验。

曾听到一个关于伯牙学琴的故事：春秋时期，有一个叫伯牙的人拜成连为师学习弹琴，三年后学成，他掌握了各种演奏技巧，但老师认为他演奏时，常常是理解不深，不能很好地表达感情，少了点儿神韵，不能引起别人的共鸣。老师想把他培养成为一位大师，于是，有一天，成连对他说："我的老师在东海，他能传授培养人情趣的方法，我们去看望他。"于是他们带上干粮，驾船出发。

到了东海蓬莱山后，成连对伯牙说："你留在这里练琴，我去接师傅。"说完，就划着船远去了。

这一去就是十多天，伯牙一个人留在孤岛上，感到十分孤寂，每天弹琴之余，举目四眺，空无一人，只见海天苍茫，山林葱郁，只闻群鸟啼鸣，惊涛裂岸。就这样日升月落，风吹雨打，伯牙顿悟，仰天长叹道："老师想培养我的感情呀！"于是抚琴把自己的感受谱成一曲，题名《水仙操》，这是一首妙音逸韵的古代名曲。经成连师傅点化，从此，伯牙不仅刻苦练习技艺，而且更加深入地体验自然、体察人世，继而又谱写了《高山》《流水》等不朽名曲。

大文豪郭沫若有一天在图书馆里阅读时，忽生灵感，他来到图书馆后面幽静的花园中，赤着脚在石子路上踱来踱去，躺在地上和大地亲昵，卧在草地上嗅着清新的气息，看着流水潺潺，正是在这种真切感受的基础上，在这种近似迷狂的状态中，他完成了优秀作品《地球，我的母亲》。让我们共同欣赏几句：

天已黎明了，
你把你怀中的儿来摇醒，
我现在正在你背上匍行。
地球，我的母亲！

你背负着我在这乐园中逍遥。
你还在那海洋里面，
奏出些音乐来，安慰我的灵魂。
地球，我的母亲！
我过去，现在，未来，
食的是你，衣的是你，住的是你，
我要怎么样才能够报答你的深恩？

现实中，遇到过一些残疾人遭受白眼、歧视，也曾在一些小品或影视剧里看到某些演员用模仿残疾人言行的方法取悦观众，这些行径令人不平和愤怒，究其原因，我们的教育尤其是德育，或应该补上这样一课——体验苦难。

假设蒙上你的双眼，缚住你的一只胳膊或一条腿，让你在这样的状态下生活一天或者仅一会儿工夫，等你经历了磕磕碰碰，感受到艰辛不易时，你对残疾人就会多了一分理解，多了一分体谅，你可能就会更尊重他们，更乐意帮助他们，你也会懂得什么是悲悯情怀，更能深刻体会到拥有健全体魄的重要性。

有一个美国石油大亨洛克菲勒教育孙子的故事：有一天，洛克菲勒让孙子站在凳子上，然后跳下来。孙子不敢跳，他鼓励道："爷爷会接住你的，别害怕。"孙子便勇敢地跳了下来，爷爷稳稳地接住了他。之后，孙子玩得兴起，一次、二次、三次，到第四次时，洛克菲勒却突然收回了伸出的双臂，孙子一下子摔倒在地上，哇哇大哭。此时，洛克菲勒教育他："孩子，要相信别人，但不能轻信别人，包括你的爷爷。”

这样的教育方式，这种处世学问的传授，这种质疑精神的培养伴着你的切身感觉，伴着你的欢乐、你的痛苦、你的愤怒，会令你刻骨铭心。

受骗往往始于轻信。轻信别人的信誓旦旦、甜言蜜语，轻信不劳能获，轻信虚张的声势、表面的假象等。因轻信而被骗者，中外历史上的知名人物也不少。战国时期，秦国顾忌楚齐联盟，于是秦国派张仪出使楚国游说，张仪到楚国后先用重金买通了一些楚国大臣，之后，拜见了楚怀王，并向楚怀王承诺如果他与齐国断交，秦国就送给楚国600里土地。楚怀王见利心动了，一些受贿的大臣也极力称好，于是楚怀王就下决心宣布与齐国断交。断交后，楚国按约定向秦国要地，秦王又是装傻，又是避而不见。这时张仪却改口是6里地，而非600里地，楚怀王就这样被张仪戏耍了。第二次世界大战时期，苏联的斯大林也是轻信希特勒，轻信《苏德互不侵犯条约》，置各种情报和各种迹象于不顾，从而导致战争初期的重大伤亡和重大损失。

一位诺贝尔生物学奖获得者在谈到他对生物学的兴趣时，念念不忘自己小学三年级的一节科学课：他的老师出示一些活蚯蚓让同学们观察，他看了一会儿后，向老师提出了一个问题——蚯蚓是什么味道？这时，老师没有犹豫，很快将蚯蚓洗净，然后对他说：“来，让我们共同品尝一下吧！”说着，老师先把蚯蚓放进了口中，之后，他也跟着放进了口中。他说，他对生物学的浓厚兴趣，就在那节课上扎下了深深的根。

参与和体验能激起人强烈的兴趣和热爱。

有一所幼儿园是这样做的：孩子到园时，每人都会享受一下老师的拥抱，同时老师还会认真地对孩子说一句："我爱你，宝贝。"时间久了，孩子不仅非常愿意去幼儿园，而且许多孩子都情不自禁地叫老师"妈妈"，这样的爱播进了孩子的心灵中。

生活中，有些夫妻常常互相抱怨对方"下班后怎么不回家"，假如上班前你也能给爱人一个拥抱，告诉他"亲爱的，我等你回来""我爱你，回家给你做好吃的"等，恐怕一上午，他都会感受到你的温暖和情意，下班哪还会去搓麻将？哪还顾得上去喝酒？去逛街？归心似箭呐！

纸上得来终觉浅，
绝知此事要躬行。

——宋·陆游《冬夜读书示子聿》

我们的教育缺少学生的感悟，学生绝大部分时间是在教室里听讲、背诵、做题，就像小鸟被关在笼子里一样。要想培养高素质的人才，就应该解放学生，让他们走进大自然，走进社会，走进工厂，走进农场，走进实验室；让他们去游历，去实践，去劳作，去探索，去观察。有感方悟，这样做，有利于学生出真知，出真情，出真才，出真人。

天下大道唯融通

任何生物，只有融入其所在的环境才能生存，即便是征服者，若不能融入当地的环境，也难以长久。

人生的道路与历史发展的趋势相契合时，则容易看到光明和希望。实际上，个人的沉浮或荣辱往往是历史的写照。

局部与整体息息相通，过去与未来无法割断。故“不谋万世者，不足谋一时；不谋全局者，不足谋一域”，“不积跬步，无以至千里；不积小流，无以成江海”。继往方能开来，创新始于传承。

确定性与不确定性，必然与偶然，总是交织在一起。正因如此，世间才有了那么多的预想之中和意料之外，悲欢离合谁能算？是非成败转头空。确定性让万事万物有迹可循、有据可查，进而可追本溯源，可展望未来；不确定性又带给我们太多的好奇、惊奇、新奇，令人心驰神往，欲罢不能。球迷的激情从何而来？多半是由这种确定性和不确定性交织而产生。确定性就是比赛的规则，离开了确定性，球赛就会变得混乱失控。不确定性就是每一刻你都难以准确判断球的运动轨迹，离开了不确定性，球赛就索然无味了。

依路而兴，屡屡应验。不论是陆路、水路、空路，路畅则城兴，城兴则国盛。

城邦因交流和交融而繁荣，而道路是交流、交融的基础。

互联网为何会有如此强大的生命力和如此巨大的能量？互联网是全球性的开放网络，它近乎无限的融合能力是关键所在。

在互联网上可以通信、社交、贸易，可以实现云端化服务、资源共享化服务、服务对象化等。互联网的应用非常广泛，在互联网上可以聊天、发邮件、购物、打游戏、营销、学习、直播、交流、远程控制等，可以说包罗万象，越来越多的人加入互联网中并使用互联网，人们的生活已经全面“互联网化”。

发展在寻求融合，也在走向融合。中国有“一带一路”倡议、京津冀一体化、粤港澳大湾区、长江经济带；美国有“新丝绸之路”计划、纽约湾区、旧金山湾区；俄罗斯有“欧亚经济联盟”；欧盟有“中亚伙伴关系”；印度有“西进战略”；联合国有“丝绸之路倡议”等。

世界上没有能够独立存在的事物。

方向与方法须合一，正确的方向与科学的方法相结合，才能相得益彰。战略与战术，宏观与微观，理想与现实，理论与实践，知与行，如能合一，则会相映生辉。

文与武应相互补充，“有文事者，必有武备。有武备者，必有文事”。刚与柔，宽与严，静与动，疏与堵，舍与得，如能相互补充，便恰到好处。

权力、财富、醇酒、美貌、娱乐……令人向往，让人痴迷，然而离开了清醒、约束、珍惜，这些又可能变成诱惑、陷阱、囚笼。

一个人要想安身立命，胆与识、才与志、德与能，无不需要结合。

人类社会的政治、经济、文化、军事是一个有机的整体，互为基础、互为条件、互相影响，牵一发而动全身。

政治开明，社会就清明，文化繁荣预示着经济繁荣，军事扩张和经济扩张往往相伴而来。

世界上没有一无是处的事物，也没有十全十美的事物，相互借鉴才能取长补短，相互合作才能共同进步。现代社会，各种产业的融合也是大势所趋，也正如火如荼——科技与农业、工业的融合，艺术与科学、文化的融合，农业或工业与旅游的融合，农业、工业、服务业的融合，产业与城市的融合，不同媒体间的融合等，比比皆是。这些产业在融合中互为促进，从而更加完善、更具活力、更富有生命力。

许多伟大的创造都是根植于融合的土壤。爱因斯坦的天才之处在于他发现了物质和时空的内在联系，并用一个方程式将物理领域与几何领域的两个要素融合在一起。爱因斯坦还试图把引力理论和其他物理理论结合起来。直到现在，许多伟大的科学家也一直正试图通过一个方程式，兼容诸多理论，涵盖一切，从而描述自然界乃至宇宙的规律。

融合的目的不是走向唯一，而是领悟、发现、创造。融合不排斥多样化和多元化，恰恰相反，多样化和多元化为融合提供了无限的可能性。

第三篇

何以卓尔不凡

卓越难以复制

东晋书法家王羲之的书法艺术登峰造极，有“书圣”之称，其代表作《兰亭序》被誉为“天下第一行书”。因备受敬仰，历代向他学习的人不计其数，但很少有人能达到他的艺术高度。

缘由何在？

我们都知道“东床快婿”的故事，大意是说太尉郗鉴为才貌双全的女儿到王丞相家择婿，王府子弟都精心打扮争相来见，唯王羲之袒腹仰卧在书房的床上，对此事无动于衷。郗鉴见此人既豁达又谈吐文雅，当场下了聘礼，择为快婿。

后人评价王羲之的书法“天质自然，丰神盖代”“飘若游云，矫若惊龙”，他的书法作品不正是他的真性情的呈现，不正是他自由、潇洒的人生状态吗？“风雨自往来，青山原不动”，有几人能达到这种境界呢？

王羲之转益多师、视野广阔，善于博采众长，他将隶、楷、行、草各种书体熔为一炉，推陈出新，自成一家，影响深远，又有几人能有这般深厚的底蕴和善于创造的悟性？

你可以模仿名人、名家，但你难以模仿他们的经历、见识、阅历、思想等，所以你无法达到他们那样的高度。

既然卓越难以复制，那如何创造卓越？“江山代有才人出，各领风骚数百年。”后来者可以在学习借鉴、潜心研究的基础上，凭着自己的学识、修炼、积淀、灵性，创造属于自己的独一无二的卓越。

李白的诗歌，摇曳多姿，雄奇飘逸，意境奇妙，具有浓烈的浪漫主义情怀。是什么成就了李白？是李白思维奇妙的碰撞和融合，是李白豪迈奔放、自由不羁的性格，与饱读诗书、见识广博的才情，是瑰丽恢宏的盛唐气象，更是这一切的相互激荡和相互融合。

多才多艺出奇才

江南的一位名厨在招聘学徒时，要求学徒具有一定的文学、地理、中医、生物、健康、艺术等方面的知识，并要通过相关的测试，问其原因，他说："一个人没有这些功底，成不了高徒，更难成为大师。"

这使我想起了一个厨师在一次厨艺大赛中的展示，当时的原材料就是一些家中常用的食材，他是这样做的：把熟的鸡蛋黄雕刻成两只黄鹂，把葱的绿叶部分剪成翠柳，葱的白色部分剪成白鹭，用鸡蛋清模仿雪，又把鸡蛋壳裁成小船和窗户的样子，如此这般，这道菜便成了杜甫的《绝句》：

两个黄鹂鸣翠柳，
一行白鹭上青天。
窗含西岭千秋雪，
门泊东吴万里船。

这哪里还是简单的食物，早已升华成精神食粮。需要特别说明的是，那场大赛的时间正是早春时节，该作品营造出的也是一幅清新明媚、生机勃勃的早春图画。

说起食物，我们自然想起对饭菜的基本要求——色香味俱佳。从融通学的观念来看，饮食还应兼顾地点、季节、性味、营养，以及人的体质、情感等因素。

举个例子，许多人认为少盐多醋好，一年四季皆是这样的吃法，对不对呢？《黄帝内经》说“春主肝”，中医五行论认为“肝属木”，春季万物升发，肝气要升发舒达人才健康，所以说“春主肝”，但是酸性的食物像食醋、五味子、山楂等具有收敛、收涩的功效，春季吃酸过多会抑制肝气的升发，不利于身体健康。

众所周知，达·芬奇是一位举世闻名的大画家，但我们常常忽视了达·芬奇是一位博学者，他还是数学家、音乐家、建筑师、雕刻家、解剖学家、地质学家、植物学家、作家、工程师、发明家等。

正是因为他的博学，所以他的画既有感性的生动，又有理性的深邃，能将艺术和科学完美地融合到一起。我们欣赏他的作品，既真实感人又富于想象，例如那幅著名的《蒙娜丽莎》，那动人的微笑所传达的情感是如此神秘莫测：亲切、矜持、讥嘲、温柔、哀伤……

世界功夫巨星李小龙，也是一个多才多艺的人。他练武术，修习过太极拳、咏春拳、蔡李佛拳、跆拳道、空手道、柔道、少林拳、洪拳、谭腿等；他酷爱跳恰恰舞，曾获香港比赛的冠军；

在美国西雅图的华盛顿大学就读时，主修哲学并副修了包括心理学、戏剧等科目；他还喜好阅读和冥想，经常去书店和图书馆，善于思考。

这时，我们便不难理解双节棍在他的手中何以会舞得人眼花缭乱、如痴如醉，他的连环飞踢为何被誉为“致命的芭蕾”。这是舞蹈中的武术，也是武术中的舞蹈。

李小龙将其广博的知识、艺术的素养、高超的武术功力、哲学的智慧、丰富的想象力等融会贯通，从而形成了不凡的武学思想——截拳道，对世界武术界产生了恒久的影响。李小龙被奉为“功夫之王”，他的武学思想也被欧美武术界奉为“武道圣经”。

每种学问都有它的长处，都会带给我们一些启迪，博采众长，厚积交融，方能薄发。

“两弹一星”功勋钱学森，自幼喜爱绘画和音乐，他的夫人蒋英是一位歌唱家，与钱老的专业相去甚远，但钱老是这样谈的：“她为我介绍了音乐艺术，使我丰富了对世界的深刻认识，给我带来了灵感，让我学会了广阔的思维方法。”

最深的觉悟常常来自多才多艺的人，来自能将才和艺融通的智慧。

见微知著，以大见小

从一个人的脚步，可以看出一个人的精神；从一个集体的步伐，可以看出这个集体的战斗力和凝聚力。

1935年5月，中央红军到达地形险峻、惊涛骇浪的大渡河边，蒋介石也正在集结重兵堵截，形势十分危急，中央红军为摆脱险境，决定抢夺泸定桥。从28日到29日，仅一天时间——24小时，红军走了200多里路，走的什么路——崎岖、泥泞、湿滑的山路，怎么走的——冒大雨、嚼生饭、喝凉水、不休息。

这是何等的迅捷，何等的顽强，何等的奇迹！长征磨砺出的精神已融入每位战士的血脉和灵魂。这样的军队必然会从胜利走向更大的胜利。

建安五年（公元200年），袁绍决定进军攻打曹操，其谋士田丰多次劝谏而被下狱，当袁绍兵败官渡逃回来后，却因为好面子将忠诚刚直、屡出良谋的田丰杀害。

一个人尚且难容才智过人的忠勇之士，何谈容天下乎？！

有个楚庄王绝缨的故事：楚庄王有一天宴请群臣饮酒，从中午一直喝到掌灯时分。酒酣耳热之际，忽然一阵风把灯吹灭了，大殿漆黑一片，这时有个大臣拉扯楚庄王妃子的衣袖，妃子扯下了这个人的帽缨，告诉楚庄王："刚才蜡烛灭后，有人拉我衣服，我把他的帽缨扯下来了，你赶快命人点灯，看是谁的帽缨断了。"谁知楚庄王却说："是我请大家喝酒的，酒醉失礼乃人之常情，我怎么能为了要证明妇人的贞洁而使臣子受辱呢？"于是命令群臣："今天与我喝酒的，不扯断帽缨的话不尽兴。"群臣们就把帽缨都扯掉了，然后点灯继续喝酒，最后尽欢而散。

三年以后，晋国与楚国发生战争，有一位大臣始终冲锋在前，五次交战都是奋不顾身，拼命血战，他带队首先打败了晋军，最终取得了胜利。楚庄王感到奇怪，就问这位大臣："我德行浅薄，从来没有特殊对待过你，你为何奋不顾身呢？"这位大臣回答："我罪当死，上次宴会醉酒失礼的人就是我，大王隐忍不杀我，我始终不敢忘恩，常想着能为您肝脑涂地。"因为这场战争的胜利，楚庄王威震天下，开创了一代霸业。

宽容见胸襟。一个人的胸怀有多宽广，他人生的舞台就有多宽广。

见微所以知著，以大而能见小。

国家有梦想，人民就有向往；国家有自信，人民就有力量；国家有追求，人民就有活力。

2012年11月29日，习近平总书记正式提出"中国梦"，且把"中国梦"定义为"实现中华民族伟大复兴，就是中华民族近代以来最伟大的梦想"，并且表示这个梦一定能实现。

“中国梦”明确了中国未来的发展方向，中国人谁不向往国家富强、民族振兴、人民幸福？！“中国梦”是亿万名中国人民不断追求的梦想，每个中国人都成为“中国梦”的参与者、创造者。

有梦想就有憧憬和期待，有梦想就有信念和激情。近年来，中国人民迸发的创造活力和取得的辉煌成就令世界惊叹。

现在，作为一个中国人，无论何时何地，我们是多么自信、自豪和骄傲。信心满怀、神采飞扬、意气风发源自什么？源自道路自信、理论自信、制度自信和文化自信。

国家若敢践踏正义，人民就会不顾是非，颠倒黑白，就会变得疯狂、野蛮、残忍，甚至会丧失人性。

我们看现在的德国人和日本人彬彬有礼、举止文明，难以想象第二次世界大战期间，德国兵和日本兵怎会那么凶残——烧杀抢掠、无恶不作。皆因国家在那个阶段抛却了公平和正义。

见微所以知著，以大而能知小，皆源于“微”与“著”、“大”与“小”相融相通。

人生处处有融通

一本书，你若能真正融入其中，融入那气象万千的情境中，融入那丰富多彩的精神世界里，就会引发共鸣——时而潸然泪下，时而笑逐颜开，时而拍案叫绝，因为这是你的灵魂得到了滋养。

一块布，若色彩和气质融合、图案和风格融合，就会被裁剪成一件具有灵性的衣服，你若慧眼独具，对它一见钟情，则更添你的风采。

一首歌，或饱含了深情，或饱含了真善美，当旋律与你的心潮共起伏时，便打动了你，你忍不住踏歌起舞。

一张照片，可以见证历史的风云、见证生活的沧桑，可以展示人物的风貌、展示心灵的色彩……从而勾起你的无限遐思。

一次出游，物我相融，登山则情满于山，观海则意溢于海。

一坛美酒，散发的不仅是酒的醇香，还有文化的芬芳，我们品味的不仅是佳酿，还有豪情壮志、欢乐忧愁。美酒只有融入情怀，才有无穷意境，才能斗酒诗百篇。

一件器物，蕴藏着匠人的智慧和精神，人灵则物灵。

一言一行，折射的是你的经历、胆识、视野、气度、修养，这是积累的沉淀，更是融合的光华。

才华横溢，谁不期盼？这是达到的通途——融汇古今，中西合璧，博采众长，兼容并蓄。

亲情、友情、爱情，谁不渴望？这是孕育的土壤——爱意融融，心心相通，宽厚包容，促膝相谈，水乳交融。

每个人身上都住着感性和理性，倘若将深沉的理性与磅礴的感性融为一体，则将会爆发出巨大的能量。

融入生活，才能深刻体验那随处涌现的幸福、快乐、感动、美好，才能坦然接纳那不期而至的不公、挫折、失意、病痛、苦难……如此，内心才会安宁。所有的如意和不如意原本就是生活的一部分。

一个人要想有所作为，就需要融入社会，融入时代发展的潮流中，因为时势塑造英雄，时代造就弄潮儿。

一个民族要想强大，必须与别的民族交融。在交融中生存，在交融中发展，在交融中壮大。

一个国家要想繁荣，必须走开放的道路。在开放中汲取，在汲取中融合，在融合中创新。

2018年4月10日，博鳌亚洲论坛在海南省琼海市博鳌镇开幕。国家主席习近平出席开幕式并发表题为《开放共创繁荣　创新引领未来》的主旨演讲。当今世界，开放融通的潮流滚滚向前，人类社会发展的历史告诉我们，开放带来进步，封闭必然落后。世界已经成为你中有我、我中有你的地球村，各国经济社会发展日益相互联系、相互影响，推进互联互通、加快融合发展成为促进共同繁荣发展的必然选择。

习近平主席的讲话闪耀着智慧的光芒，照亮了中国，也照亮了世界。

妥协也是一种征服

翻开历史地图，我们会发现人类的轨迹纵横交错、起起伏伏、绵延不绝，归纳起来，无非是两种轨迹——征服者的和妥协者的。

征服往往意味着胜利、占领、荣耀、收获、快乐、肯定等。

做征服者，有几人不向往？有几人不渴望？

那么，靠什么征服？

靠武力、暴戾、杀戮、蒙蔽、权力、利益？还是靠文化、文明、思想、品格、才华、胸怀？记起1972年中美关系破冰之旅的一个插曲：当年，在中国北京的钓鱼台国宾馆，美国国务卿基辛格和周总理会谈完，在送周总理离开时，他亲自为周总理打开车门，并用手遮挡车门顶部，显得非常恭敬。

在中国，一个美国国务卿能够这样做，可以显示出他对周总理是何等的敬重。为什么？因为周总理的智慧、气度、胸怀、善意征服了他，他非常愿意为周总理服务，并以此为幸。

而妥协往往意味着失败、失去、服从、屈辱、痛苦、否定等。

当妥协者，常常是无奈之举，也常让人望而却步。

春秋战国时期的质子外交——把自己的儿子送到他国去做人质，从而换得眼下和平；西汉初年，对匈奴的和亲政策——把王朝的公主远嫁大漠，是为了匈奴的铁骑不再犯边，这些都是妥协，是国家的妥协。

人类关系的本质就是征服和妥协，在征服中妥协，在妥协中征服。

当我们无法征服时，有的人只会抱怨、非议、指责、批评，有的人则懂得讲和、接纳、学习、合作、超越。

明朝初期，实行海禁政策，即片板不许下海，渔民不能出海捕鱼，商人不能出海经商。嘉靖年间，东南沿海海盗非常猖獗，朝廷也因此涌现出一批抗倭名将，虽然剿灭海盗的战斗节节胜利，但海盗此起彼伏，总也剿不完。而到了隆庆帝执政时，面对“南倭北虏”问题，他采纳内阁大学士高拱、张居正的建议，北边与蒙古俺答议和，是为隆庆议和，南边宣布废除海禁，史称“隆庆开关”，从此以后，海盗活动逐渐消亡，草原上的烽火也灰飞烟灭。

征服并不总代表着强大，妥协有时则能彰显出强大的力量。

行动和等待

“明日复明日，明日何其多。我生待明日，万事成蹉跎……”这是明代文人钱福的《明日歌》，告诫人们要珍惜时间，做事情不要拖延，不要等待明日。否则，万事成蹉跎。

我们也常常鼓励自己或他人“立即行动”，但许多事情恰恰需要等待，有时候等待胜过行动。

当你面对诱惑的时候，别急不可待，别奋不顾身地去抢，因为那可能是个陷阱，你需仔细端详，认真思量，多问几个为什么。

当你决定投资的时候，还请犹豫再三、谨慎一些，因为等到明天，结果可能跟你预想的截然相反。

当你心怀怨怒或心生嫉恨时，别着急用行动去火上浇油，等一等，静一静，平心静气后，你可能会庆幸自己没有立即采取愚蠢的行动。

三国时期，当关羽被吴国诛杀后，刘备出于兄弟义气，气冲斗牛，立即发兵攻打吴国，而吴国以陆逊为大将，静观其变，静待时机，火烧连营，结果刘备大败而归，落得“白帝城托孤”。

像这样为了私仇而忘了大义，全然不顾国家安危和天下大势的贸然行动焉能成功。

等待是一种智慧，当然，等待也并不否定行动，在等待中积蓄力量、发展壮大、审时度势、寻找机遇，自会水到渠成。

建安六年（公元201年），仓亭之战，曹军再一次大败袁军，之后，袁绍很快忧病而死。但曹操此时并没有乘胜追击，直捣黄龙，而是根据袁军内部的态势及袁绍两个儿子的性格特点，静观其变，果然，袁谭、袁尚为了争位而自相残杀，河北乃大乱，曹操顺势轻而易举取得彻底胜利。

对于比较确定的有益的事情，当争分夺秒，迅速行动；对于不确定的难以预测的事物，则不妨耐心一些，审慎对待。

行动中有了等待，就少了急躁冒进、急功近利、揠苗助长。

等待中有了行动，就不会消极懈怠、虚度光阴、坐失良机。

隋炀帝杨广在历史上是个有争议的人物，从某个角度看，他具有雄才大略——大力兴学，健全科举制度，开凿运河，开疆拓土。他的作为无愧于他的年号——大业。

那么，隋炀帝杨广为什么最后会落得众叛亲离、身首异处？主要原因是他急功近利，导致民力不支，民怨四起。

历史上还有一位非常善于等待，也非常善于行动的著名政治家、军事家——司马懿。公元247年，魏国权臣曹爽专擅朝政、多树亲党、危害社稷，其所作所为不得人心，也使魏国国力衰退，司马懿不仅受到排挤，连生命也遭受威胁，于是伪装生病，不问政事，静待时机。公元249年正月，乘魏帝曹芳离开洛阳去祭扫魏明帝的坟墓时，司马懿抓住时机，奋起一击，诛灭曹爽，成为匡扶魏室的社稷之臣。真是两年苦等待，一日定乾坤。

奇异的通感

人的视觉、听觉、嗅觉、味觉、触觉等不同感觉是可以互融互通的，各种感觉均可以跨越自己的领域，互相融会，彼此联通。

“无边落木萧萧下，不尽长江滚滚来。”（唐·杜甫《登高》），望不到头的长江水滚滚奔腾而来，“滚滚”是视觉。而“春雷滚滚”中，“春雷”是春天的雷声，属于听觉，“滚滚”是水流的形态，属于视觉，此处听觉和视觉的融合，更加展现了春雷带给人的冲击和震撼。

“划然变轩昂，勇士赴敌场。”（唐·韩愈《听颖师弹琴》），激昂的旋律令人宛如亲眼看到壮士奋不顾身、勇往直前、激烈搏斗的画面，听觉与视觉联通，琴声不仅激昂，还具有了画面感，更加打动人。

“微风过处，送来缕缕清香，仿佛远处高楼上渺茫的歌声似的。”（朱自清《荷塘月色》），清香是嗅觉，歌声是听觉，嗅觉唤起了听觉，两种感觉的交融带给人奇异的体验。

关于声音，古有“余音绕梁，三月不知肉味”的描述，现有“她的歌声很甜美”这样的描述，歌声是听觉，甜是味觉，美是视觉，听觉用味觉和视觉来表达，说明听觉、味觉与视觉也可以互融互通，三种感觉的叠加，定是非常奇妙的感觉。

关于目光，我们在生活中也能体会到：“冷冰冰地看着”与“热辣辣的目光”，“冷冰冰”与“热辣辣”均表触觉，而“看着”与“目光”均表视觉，触觉与视觉的融合，让目光有了温度，有了情感色彩。

感觉的融通，是一种美妙的体验，为了获得这种美妙的体验，需要全身心地去感知生活。

譬如赏梅，可以去闻——“墙角数枝梅，凌寒独自开。遥知不知雪，为有暗香来。”“疏影横斜水清浅，暗香浮动月黄昏。”

可以去听——《梅花三弄》是一首古琴曲，其旋律时而流畅优美，时而跌宕起伏；其节奏明快，舒缓和急促交加；其曲调清新灵动。此曲生动表现了梅花高洁芬芳、凌霜傲雪的品格。

可以去画——如王冕的《南枝春早图》，老干新枝，苍劲有力，昂扬向上，枝繁花茂，千姿百态，生机盎然，尽显了梅花的挺拔、豪放、傲骨、灿烂。

第四篇

人性的本质

善恶有因

如果我问你：人性本善，还是本恶？

你若回答：善。那么你可能无法解释世间那些无数的罪恶。

你若回答：恶。那么，你是不是一个恶人？你有没有恶的一面？你是否将自己的恶深藏不露？你有勇气给予肯定的回答吗？

人的生命离不开水，历史上因争水而发生械斗的事件层出不穷。读过这样一则故事：两个群体生活在同一片土地上，都在同一处泉水边取水，这是他们唯一的水源。起初，水量充足，供两个群体的人使用绰绰有余，大家也你谦我让，互帮互助，和善共处。可是从某一天起，不知什么原因，这眼泉的水量开始慢慢减少。随着水量的不断减少，一些微妙的变化发生了：两个群体间的气氛不再融洽，变得紧张起来，人们脸上的笑容不见了，汲水时也不再彬彬有礼，不再友好，有时为了争个先后，甚至剑拔弩张。于是，冲突发生了，为了这一眼泉水，两个群体的人去斗殴、去厮杀、去拼命，俨然嗜血的饿狼。

善恶因生存的需要而发生变化，生存乃至生死的考验，是善恶的一块试金石。

有一则新闻：山东某地的姜农，在种植生姜时，凡是计划出口的，就在地里拌撒低毒易分解的安全农药；凡是计划内销的，则在地里拌撒高毒高残留的呋喃丹类农药。结果，放心的绿色生姜外销到国外市场，而对人体有害的生姜供给了国人。

人性与管理有关，善恶是可以被管理的。

约束、监管和惩戒是善恶的一道分水岭，约束是否有力、监管是否严格、惩戒是否严厉会直接导致人们向善还是向恶。

诱惑和利益是善恶的另一块试金石。

生活中的许多人，当面对与自己无利害关系的事情时，可能会坚持原则，一身正气；如果事情与自己利益相关，可能就会放弃原则，胡作非为。

生活中还有许多人，在没有遇到诱惑时，展现的是善的一面：心无邪念，平和友好，慈眉善目，踏踏实实，奉公守法；但当诱惑出现时，就会展现恶的一面：不择手段，以身试法，屈膝变节，卖身求荣，穷凶极恶。

恶常常与自私、贪婪、虚伪、狡诈、懒惰、嫉妒、傲慢、偏见、奢欲、恶毒、卑鄙、背信弃义、意志薄弱等相随。

清朝有个巡抚叫王亶望，他为了满足自己的口舌之欲，其吃法、做法令人毛骨悚然。他喜欢吃炒驴肉丝，为了让炒出来的驴肉更加鲜嫩，竟然让厨子从驴身上活割驴肉，然后再用烧红的铁块把伤口烙焦以止血，这不是对动物的凌迟吗？！据说还有活吃猴脑、活烤鹅掌等残忍吃法。这个王亶望不仅奢侈，而且虚伪、贪婪、恶毒，他以实仓储为名开捐例，虚报旱灾，贩粟分银，巧取豪夺达数百万两，乾隆四十六年（公元1781年）被参劾诛死。

用活人殉葬是中国古代一项残忍野蛮的制度，殷商时期就很盛行，之后历朝历代时续时断，直到康熙时才结束。据史料记载，给明成祖朱棣殉葬的时候，被挑选出来殉葬的宫女嫔妃“哭声震殿阁”。极端的自私、极度的虚伪、极致的残暴刻毒是这些君王共同的特点。

因嫉妒而诽谤、造谣、陷害别人者，古往今来，不论名人还是凡人，不计其数。战国时期著名的军事家孙膑著有《孙膑兵法》，围魏救赵、田忌赛马等都是他的杰作。他的同窗庞涓，就因为嫉妒孙膑的才华而设计迫害他，使孙膑遭受了膑刑。战国末期著名思想家、法家集大成者韩非子，才华横溢，备受秦王嬴政赏识，但遭到李斯等人的嫉妒，最终被陷害毒死。

善往往与忠诚、信仰、气节、真理、高尚、真挚、勤劳、爱心、宽厚、谦虚、仁义、坚强、节俭、奉献、牺牲等相伴。

南宋末年的爱国诗人、民族英雄文天祥，坚守民族气节，宁死不降，留下了“人生自古谁无死，留取丹心照汗青”的诗句。被誉为“读书种子”的明朝第一大儒方孝孺，因忠于前皇而拒绝为篡位的新皇帝撰写即位诏书，被灭了十族，虽九死而不悔。意大利思想家、自然科学家、哲学家和文学家布鲁诺，为了捍卫真理，不惧教会威胁，不辞讲学劳苦，不怕牢房黑暗，不畏酷刑折磨，始终坚贞不屈，恪守诺言，不放弃自己的学说，他说：“高加索的冰川，也不会冷却我心头的火焰，即使像塞尔维特那样被烧死也不反悔。”在生命的最后时刻，他仍然高呼：“火，不能征服我，未来的世界会了解我，会知道我的价值。”

长孙皇后是唐太宗李世民的结发妻子，虽身居高位却从不仗势欺人，尤其是她终生节俭，声誉很好。在她身患绝症后，唐太宗打算为她厚葬，她知道后说：“我活着的时候，对社会没有什么贡献，死后不要给我厚葬，再说，自古以来，圣贤都崇尚节俭，唯有那些不懂道义的人才为自己营造陵墓，我死后，不要垒坟墓，只求依山而葬，不要金银珠玉，只要有点儿木器和陶器就行。”

看过许多英烈的故事，感人至深，我常常想：“在艰苦卓绝的岁月里，在非人生存的囚室中，在生死两隔的抉择前，他们何以如此从容？何以如此义无反顾？何以如此视死如归？”

林觉民作《与妻书》，慷慨赴死——“吾作此书时，尚是世中一人；汝看此书时，吾已成为阴间一鬼。吾作此书，泪珠和笔墨齐下，不能竟书而欲搁笔……汝体吾此心，于啼泣之余，亦以天下人为念，当亦乐牺牲吾身与汝身之福利，为天下人谋永福也……”

夏明翰作《就义诗》，壮烈牺牲——“砍头不要紧，只要主义真。杀了夏明翰，还有后来人。”

唯有将崇高、忠诚、勇敢、坚定、牺牲等融入信仰的人，才是真正有信仰的人。

真正有信仰的人，才能将信仰融入生命和灵魂，从而赴汤蹈火、坚韧不拔、勇往直前、舍己为人、舍生取义、舍命报国。

汪精卫曾是一位革命者，满腔热血，立志推翻腐败的清王朝，行刺摄政王载沣，是辛亥革命的英雄，最后却变成了遗臭万年的大汉奸，其中深刻的原因是什么？

不能说汪精卫没有信仰，而是他的信仰少了高尚、忠诚——他可以为了个人名利出卖整个国家利益。他还是一位投机分子，曾力排众议支持孙中山的“联俄容共”政策，当蒋介石对共产党人大开杀戒时，他又举起了屠刀。在与蒋介石斗争的过程中，也是忽而联手，忽而分裂，忽而兵戎相见，忽而同流合污。汪精卫的信仰也少了坚毅、坚定——自幼生活清苦，少年时父母又相继亡故，跟着长兄长嫂生活，驯良恭顺，如此，汪精卫从幼年起就养成了懦弱自卑的个性。他不是一个刚毅果敢之人，纵观汪精卫的革命过程，只要遇到挫折，碰到矛盾，他常常会低沉消极、回避妥协，少见意志坚定和锲而不舍。所以，当日寇入侵，汪精卫的内心会胆怯恐惧，会悲观绝望，再加上日本人的因势劝诱和亲日派分子的推波助澜，汪精卫终弃大义和良知，走向了媚日求和、叛国投敌的深渊。

可怜之人或有可恨之处，可恨之人也或有可怜之处。

看过中央电视台法制栏目《忏悔录》中的许多案例，其中不少罪犯既令人痛恨，又让人觉得可怜——他们或因辍学而无知，或因家庭变故而缺少关爱，或因遭受欺凌而忍痛，或因一时冲动而失足……

赌博的真相

千百年来，因为赌博，多少人身败名裂、家破人亡；多少人倾家荡产、山穷水尽；多少人反目成仇、众叛亲离。伴随赌博的常常是贪婪、奸诈、诡计、欺骗、偷盗、抢劫等，其罪行可谓罄竹难书。

可为什么迄今为止，许多人仍乐此不疲，迷途不知返呢？

现在，我们用“融通学”的思想来剖析一下：

从经济学的角度而言，我们讲投入、讲产出，赌博时，投入的不仅是金钱，还有比金钱更可贵的也是常被我们忽视的光阴、健康、精力等，那么产出呢？赌博的实质过程——金钱在不同人口袋之间的流动，这种流动本身不会创造价值，当然也不可能增值。而且金钱在流动的过程中还会像水一样蒸发，越来越少，这是因为在赌博的过程中，存在各种各样的消耗，更多也是更主要的消耗——钱会源源不断地流进设赌抽利的赌场中。所以从古到今，有见识的不良之徒开赌场，留下冒傻气的在赌场中奋战，就像奴隶为奴隶主做工，只有付出，没有回报。不过这奴隶是自愿当的，没有人强迫，这正是应了那句话——利令智昏。我们再看一幅示意图，你会更加一目了然。

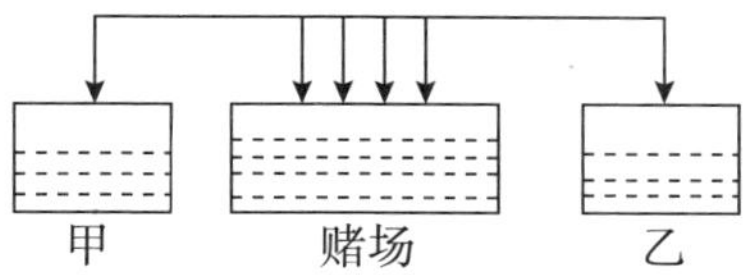

赌博是愚昧的产物，步入赌场，你也就步入了陷阱，甚至步入末路。

从数学的角度看，运气的好坏就如同掷硬币的结果一样，如果你掷十次，正面和反面出现的次数可能相差很大，也就是说，运气可能很好，也可能很差。但如果你掷一百次、一千次、一万次，掷的次数越多，则硬币正反面出现的概率越趋近相同，这说明什么呢？运气对参赌的每个人都是公平的。

运气是公正的，它可能疏远你，但不会永远疏远；它可能垂青你，但不会永远垂青。

记得有位国外的赌场经理曾说："即使你一次赢了1亿美元，我们也不担心，我们担心的是你不再来赌。"因为他懂得这个奥秘：你可能幸运一次、两次，你不可能次次幸运，只要你来，久而久之，你的所有钱财必然会悄无声息地没入赌场的黑洞中。

国际象棋仅仅有32个棋子，其可能的排列组合方式有多少呢？据专家估算：10的120次方，这个数字大到什么程度呢？天文数字，无可比喻。我们玩的扑克牌54张，麻将牌136张，彩票站投注的可选数字少则几个，多则几十个，它们各种排列组合的方式同样多得无可比拟，浩瀚如星空，如宇宙中的原子。这些数字几乎是不可能重复的，每一次的出现都会让你感到新奇，让你充满期待。

赌博是一次次新奇的体验，你不仅会被数字无穷变幻的魅力所吸引，还会被偶尔在数字间跳跃撩拨你的欲望之妖所诱惑。

从心理学的角度来分析，希望是人的重要支撑，当你抓牌时，当你下注时，你定满怀希望和自信，你不可能一直赢，也不可能一直输，于是你便进入了这样的循环往复中——希望→失望→更大的希望→更大的失望→希望，周而复始，即使输得很惨，一旦重新抓牌或再次下注，希望就好似太阳在你的心中又一次冉冉升起。

人都会享受成功，享受成功带来的快乐，当你赢时，你会喜不自胜、眉开眼笑，你会因你的技术、机智和运气而自鸣得意，你甚至可体验到一种英雄般的豪气，恍如影视剧里的赌王、赌圣。在日常的生活和工作中，绝大部分人是不会常有这种感觉的，为什么有的人在赌场愈挫愈勇，屡败屡战呢？心瘾难戒也。

赌博就像一种精神的自慰，你无法战胜自我，你便无法远离赌博。

赌博是欲望和冒险的产物，欲望是人类前进的动力，敢于冒险也是一种勇敢的品质，但若将它们发挥在赌场上，则欲望越强烈、越敢于冒险，造成的损失就越大，人生的破坏力就越大。

读过这样一个真实的故事：有一位在美国赌城工作的中国厨师，已好多年没有回家探亲了，为何呢？原来，每到年终结算完工资后，他总是无法克制地要去赌一把，总幻想着能赢一大笔钱，直到输得一贫如洗才罢休，结果没钱回家，只得老老实实待下来继续为赌城做工。

也许有人会问，美国不是有赌城吗？澳门不是有博彩业吗？事实上，那些开办赌场、发展博彩业的大亨基本上是不参与赌博的，他们是善于投机、善于驾驭人们欲望的精明人，现在许多博彩业还兼有旅游业的功能。

看一个国家的国民素质，看一个社会的文明程度，你就去观察人们在闲暇之余主要干什么，是走进赌场、彩票站，还是走进书店、图书馆；是闲聊神侃、家长里短，还是健身锻炼、读书看报。你再观察艺术展是否门庭若市，音乐会是否济济满堂，博物馆是否人头攒动。如此，你便心中有数。

利己并利人

面对荣誉和利益，主张“利己”还是“利人”，古今中外，从没停止过争论，孰是孰非？

“利己”似乎是人与生俱来的本能，生存和繁衍是最基本的需求，故“食色，性也”。一个人，但凡立于社会，谁不想维护个人的权利与尊严？谁不愿意被人称颂？

“利人”是件知易行难的事，为了公平与正义，为了人类的文明，为了社会的规范有序和和谐稳定，社会倡导博爱、奉献、家国情怀等，道德主张“仁、义、礼、智、信”等。

“利己”乃人之常情，也司空见惯。“利人”难能可贵，当然令人崇敬。

极端的利己主义是错误的，也是行不通的，一方面，它可能导致人与人之间互相倾轧、尔虞我诈，甚至引发冲突和战乱；另一方面，极端的利己主义排斥合作，最终可能致使自己的利益受损，直至毁灭自己。毁灭自己，是不是有点儿危言耸听？不是的——极端的利己必然导致腐朽没落，中国封建社会的历代王朝都实行世袭制，帝位世袭、王位世袭、爵位或官职世袭，“王侯将相，宁有种乎？”这种极端的利己主义，也是历代王朝无法延续的一个重要因素。

极端的利人主义，要求人人都不能有一点儿私心杂念，毫不利己，专门利人，这违背常理，难以推而广之，也难以人人效仿。那么，有没有纯粹的利人主义者？有，但这需要极大的智慧和极高的修养，常人很难做到。

人是群体性动物，利己益于个体的成长，聚沙成塔，集腋成裘，个体的发展成就集体的辉煌；利人益于集体的发展，皮之不存，毛将焉附？集体壮大，才更有力量维护个体。集体危亡时，个体应具有牺牲精神，为何？——“覆巢之下，安有完卵。”

理所当然，既利己又利人，或既利人又利己，岂不更佳？利己与利人二者融合当是最佳的途径。

任何制度、任何法律和规则，如果能兼顾利己与利人，将易于得到拥护和支持，也将易于得到执行，进而取得良好的效果。

有这样一家企业，员工可以安排自己的工作时间，可以设定自己的报酬，可以自主管理，可以给自己放假，可以给领导打分决定领导的去留，还可以自主创业。如此的规则，如此的贴心、暖心，如此的“利己”——简直是自由的天堂，谁不愿欣然前往？

同样是这家企业，员工在为自己设定报酬时，需要知道自己能为公司创造多少价值或利润，需要知道自己应该付出多少努力；员工在自主管理时，要对自己做的事负责，做错事的时候，自己承担责任；员工在决定领导去留时，公司也对员工每6个月重新聘用。如此的规定，如此的激励淘汰机制和如此的权责分明，如此的“利人”制度，员工怎能不为公司殚精竭虑、开拓进取？

事实上，正是在塞姆勒的领导下，正是由于这种“利己并利人”的管理理念和卓尔不凡的管理措施，缔造了塞氏企业的传奇——它是一家制造上千种产品的大型跨国企业；它实现了年均27.05%的增长率；它是巴西年轻人最渴望去的公司。

从“利人并利己”的观点出发，有助于化解矛盾、解决问题。

在20世纪70年代，埃及和以色列进行和平谈判时，以色列因担心埃及收回全岛后在岛上驻军，进而对以色列的国家安全构成威胁，所以，坚持要继续占领西奈半岛的一部分，而埃及为了维护国家的主权和保持领土完整，则坚持全部收回西奈半岛。双方就这个问题争执不下，互不相让，谈判陷入僵局。

中间调停者想出了一个两全其美的办法，既利己又利人——以色列把西奈半岛全部归还给埃及，以保持埃及领土完整，维护埃及的主权；而埃及则保证不搞对抗，不让半岛军事化，限制驻军人数和位置，以满足以色列的安全诉求。问题迎刃而解，双方化干戈为玉帛。

有人倡导“先己后人”，这会淹没大爱，淹没人性的光辉。1912年4月14日夜，“泰坦尼克号”巨轮撞上冰山，行将沉没。危急时刻，船长命令妇女和儿童先上救生艇，许多大富大贵之人为了妇女和儿童，都选择了慷慨赴死，即使有逃生机会，也甘愿放弃。当时一个妇女的两个孩子已被放到救生艇上，但因为超载自己却不能上去了，这时，一位已经坐上救生艇的女士起身让座，并大喊道："上去吧，孩子不能没有母亲！"无人知道她的名字。但也有先己后人的个例，最有名的就是日本铁道院前参事细野正文，他男扮女装，混上了满载妇女和儿童的救生艇得以生还，遭世人唾弃。

有人倡导"先人后己"，这是一种高尚的情操。"我为人人，人人为我"，这也是一种非常理想的社会状态，但缺陷显而易见，这种思想不利于调动每个人的积极性，不具有普适性。

有人倡导"忘我忘人"，超然物外，逍遥自在。可这世上哪有世外桃源？"忘我忘人"，怎可安身立命，怎可建功立业。

利己与利人合一，益己益人，益家益国，皆得也。

近段时间，时常曝出乘客抢司机方向盘的新闻，重庆更是出现了因乘客抢方向盘而造成公交车坠江的惨剧，这种行为既不利己，又不利人，在个人没有自觉的情况下，必须通过法律的手段进行严惩。

杜甫在《茅屋为秋风所破歌》里，推己及人，忧民忧国，发出"安得广厦千万间，大庇天下寒士俱欢颜"的感慨，感伤自己又感动天下人。

零食的诱惑

生活中，零食无处不在，随处可见，为什么总是令我们欲罢不能？

“从商品到货币是一次惊险的跳跃。”这是马克思的名言，见地极其深刻，其中“惊险”二字精准地说明了商品变为货币的艰难不易和存在的风险，因为“惊险”，所以从商品的生产到销售，只能是全力以赴、殚精竭虑、精益求精、无微不至等。

零食，也是一种商品，自然也要努力实现这惊险的一跃，也正因此，零食被融入太多的东西，有物质的也有精神的，面对零食，我们常常难抵它的诱惑。

零食对人的诱惑是全身心的。

零食美味可口，可口到你吃完后忍不住想舔手指。一位食品专家解释过：如果觉得不好吃就加油，还不好吃就加盐，再不好吃就加糖……高油、高盐、高糖是零食的常态。

零食包装精美诱人，常常让人一见钟情。要么是风景如画，要么是明星顾盼神飞，要么是硕果满枝头，要么是可爱的卡通形象，要么是各种奇幻的景象。零食本身也常有着很高的颜值，从形状到色彩，十分好看，令人赏心悦目。

广告设计又赋予零食无限的美好——欢乐、吉祥、幸福、甜蜜、时尚、活力、热情、亲情、友情、爱情、成功、健康、如意等，让人向往。

吃点零食，可补充能量，提供营养；可缓解紧张的情绪；可打发无聊的时间；可增添生活的乐趣。

分享零食，可联系感情、调节气氛，当你孤独寂寞时，零食还可做你的伙伴。

如此可使身心愉悦的零食，怎能不让人引起注意和兴趣？怎能不让人引发联想和欲望？

随着人们认识的增加，健康意识的增强，零食潜在的危害——让人上瘾，使人发胖，造成营养不良，损害皮肤、智力、脏器，给心血管系统造成威胁等，已经引起人们的警惕。

零食加工厂商审时度势，随机应变，也布起了“迷魂阵”——什么纯天然，什么零添加，什么非油炸，什么无糖等，换个方式吸引消费者注意。

不可否认，市场上存在健康零食，但有多少零食不经过精加工和深加工？有多少非油炸零食不含有油？有多少零食能做到纯粹，没有一点儿添加？零食就像个可爱的“狐狸精”，善于变幻，善于伪装。

零食是社会的缩影。

零食蕴含着地域特色、风土人情。如走街串巷的冰糖葫芦，在北方地区已有数百年的历史。而嚼槟榔则是南方地区许多人的爱好，其中台湾地区还有著名的“槟榔西施”文化。

零食可寄托情感。一些零食能唤起我们对孩提时的记忆、对家乡的情怀、对亲人的思念。

零食记录着时代变迁。社会在进步，消费水平在提高，零食也在进化，其工艺和技术在不断升级，其品质也在不断提升。从某个角度说，零食也反映了人们对美好生活的向往。

零食的丰富多样、多姿多彩、新颖奇特，见证了思想的解放、文化的多元、想象的活力。我们今天很容易吃到外国的零食，这是改革开放的结果，也是各国之间加强交流的结果。

面对零食，不论是孩子还是成人，常是按捺不住、蠢蠢欲动、大快朵颐……

热爱零食，是热爱生活的一种体现，也是富有好奇心、勇于探索的一种体现。

惩罚的艺术

学校教育是否需要惩罚，这是个热点话题，也一直没有定论。

学校是个集体，要有序运行，必须要有规矩的约束。学校还肩负着育人的使命，让学生养成良好的习惯，让学生明理守法，让学生树立正确的价值观，这些都是最基本的教育目标。

而人性有光明也有黑暗，世界上没有完美的人，当然也没有完美的学生，学生犯错误是难免的，那么该如何教育犯错的学生？

惩罚是一种必要的手段，惩罚可以让人知错、改错；惩罚可以使人醒悟、进步；惩罚还可以警示他人，让他人引以为戒；惩罚可以让犯错的学生承担犯错的后果，培养他的责任意识。

如何惩罚，才能最好地教育人？才能起到最佳的效果？

记得有一个案例：一个学生经常在英语课上做小动作，不认真听讲，期中考试时反而取得了好成绩，也得到班主任的表扬。结果课后就有同学向老师反映，这个学生在考试中有抄袭行为。

班主任经过暗地了解，情况属实，但他没有在教室里当着全班同学的面声色俱厉地批评这个学生，而是把他叫到办公室，心平气和地问他："为什么要抄袭？想要荣誉吗？"这个学生惭愧得无地自容，向老师坦白说："太丢人啦，只怕成绩差挨批评，只怕丢面子。"然后他垂着头等着挨训，班主任却出乎意料地告诉他："这次考试不追究你的错误了，这相当于借给你一份荣誉，但你必须立下军令状，在下次考试中通过自己努力挣回这份荣誉。"此后，这个学生一改往日的坏习惯，上课非常专注，课后积极完成作业，勤学好问，特别用功，在期末考试中取得了优异的成绩，并受到学校表彰。

该学生为什么会发生这样大的变化？取得这样快的进步？因为他的班主任拥有高超的教育艺术，他的惩罚初看好像不是惩罚，实则是惩罚中融入了爱心、信任和期待。正是因为他有爱心，没有恶语相加；正是因为他信任别人，借尊严给学生；正是因为他对学生有期待，激发了学生感恩图报，努力上进的无限动力。

惩罚，如若纯粹，如若简单，则可能达不到理想的效果，甚至适得其反。

强弱变幻

假设你想让别人给你倒杯水，你会怎么说？

“去！给我倒杯水！”——有命令，甚至有严厉。

“给我倒杯水！”——命令。

“请给我倒杯水。”——态度温和。

“帮我倒杯水。”——语气谦逊，寻求帮助。

“能帮我倒杯水吗？”——商量的方式，多了尊重。

“您好，能帮我倒杯水吗？”——又多了亲切和友好。

哪种说法让人乐意接受？强硬与委婉，哪个效果好？

生活中，许多人常有如下的困惑：

为什么有的人喜欢讥笑或取笑他人？

为什么有的人幸灾乐祸？甚或落井下石？

为什么有的人津津乐道别人的隐私和缺点？

为什么有的人总爱以命令的语气对人说话？

……

有一个重要的原因——示强的心理在作祟。这样做是为了显示自己优越于他人，显示自己的聪明和强大，进而可以满足自己的虚荣心。

逞强并不一定都能得到好的效果。

讥笑别人可能招致反唇相讥；幸灾乐祸者遇到灾难时，别人可能会袖手旁观；命令的语气常常会让人心生些许不快和抵触；乐道别人的缺点并不能掩盖自己的不足。

我在中学教过多年物理，在学生学习如何画电路图的知识时，我发现学生经常把电路图的符号画得不规范，经过多次强调才能奏效。之后，我尝试着换了一种思路，在示范电路图的符号时，我故意把每个符号都画得似是而非，如—⊗—画成—⊗ —，—◦╱—画成—◦╱ —等。画的过程中，有的学生已是疑窦丛生，当我请大家找错误时，同学们兴高采烈，争先恐后，真是无比兴奋，错误也是找得无比精确。仅此一练，学生再没有出过错误。

示弱——让别人找错误，找出了主动性和积极性，也找出了自信和勇敢。

示弱，有时是一种机智，可以保护自己，保存自己。三国英雄人物刘备寄人篱下时，为什么要天天种菜？就是为了告诉别人“自己胸无大志”。与曹操煮酒论英雄时，被曹操的一句“天下英雄，唯使君与操耳”给吓得筷子都掉了，刘备巧借打雷来掩饰，也是为了告诉曹操“自己不是大丈夫，连老天爷打雷都害怕”。试想，刘备如果不这样做，能逃杀身之祸吗？

当然，强者拥有的荣耀、尊严，总会让人目眩神驰，谁不愿做强者？一个人如果被激发出示强的内在力量，则可以战胜自己的弱点。

网瘾是个普遍的问题，也是个难以解决的问题，因为网络空间是多姿多彩的，是迷人的，具有强大的吸引力。如果你发现学生沉溺网络，先不要惊诧和生气，而是多一些理解：学生可能在网络中发现了现实中没有的新奇世界，也可能在网络游戏中享受到了难得的成功体验，还可能经历了在现实生活中少之又少的自由探索……

沉溺网络的人会被网络控制，继而成为被网络俘虏的弱者，对于沉溺网络的人，粗暴的干预和简单的说教往往收效甚微。我们要学会引导学生利用网络驾驭网络，可以让学生谈一谈在网络中的所见所闻；可以让学生就某一问题在网络中收集信息、整理信息，然后发表他们自己的看法；还可以让学生在网络中建立自己的空间，通过网络欣赏有益的节目。学生在利用网络为自己服务的过程中，就会逐渐成为网络的主宰者，成为战胜网瘾的强者。

强弱互依，强中有弱，弱中有强，正如太极图一样。

强弱相克，正如石能拦水，水也能穿石。

强弱互变，强会变弱，弱也会变强。

若能洞悉强弱变幻的玄机，因时、因地、因势、因需、因人、因机而制宜，则强弱皆为所用。

韩信能忍胯下之辱，他在眼前的小事情上显弱，避免了无谓的殴斗和纷争，目的在于潜心攻读、全力以赴，从而能够在未来的大事业中显示出强大的力量，运筹帷幄，决胜千里。

一位管理者，如能在决策上守弱，广揽英才，广纳贤言，则必一叶知秋，胸有成竹；如能在执行上守强，雷厉风行，掷地有声，则言必有信，行必有果。

唐太宗李世民也正因能正视自己的弱，所以从谏如流，励精图治，缔造了贞观之治的强。

处强不骄，处弱不馁。

有个成语叫“嫉贤妒能”，我们分析一下，嫉妒的是什么？“贤能”，那么什么样的人最容易嫉妒？当然是弱者。强者不会嫉妒，真正强大的人往往是谦逊的。

当你处于弱势时，请不要嫉妒、愤懑、诋毁、自卑、自弃、吹嘘，这些都无济于事；反之，会伤害自己，使自己更弱。

怎么办？搬高自己。就像一块石头，躺在平地或闲弃路边，无人问津甚或遭人鄙视，若耐住寂寞，不懈努力，不畏艰险，不断搬高自己，每到一个新的高度，就会增添几许新的气象和几多新的能量，当到达高山之巅时，便成了一块奇石，不由得让人望而赞美，望而敬畏，望而遐想……

此可谓“蓄势”，人生就应是一个不断给自己蓄势的过程。

第五篇

力量之源

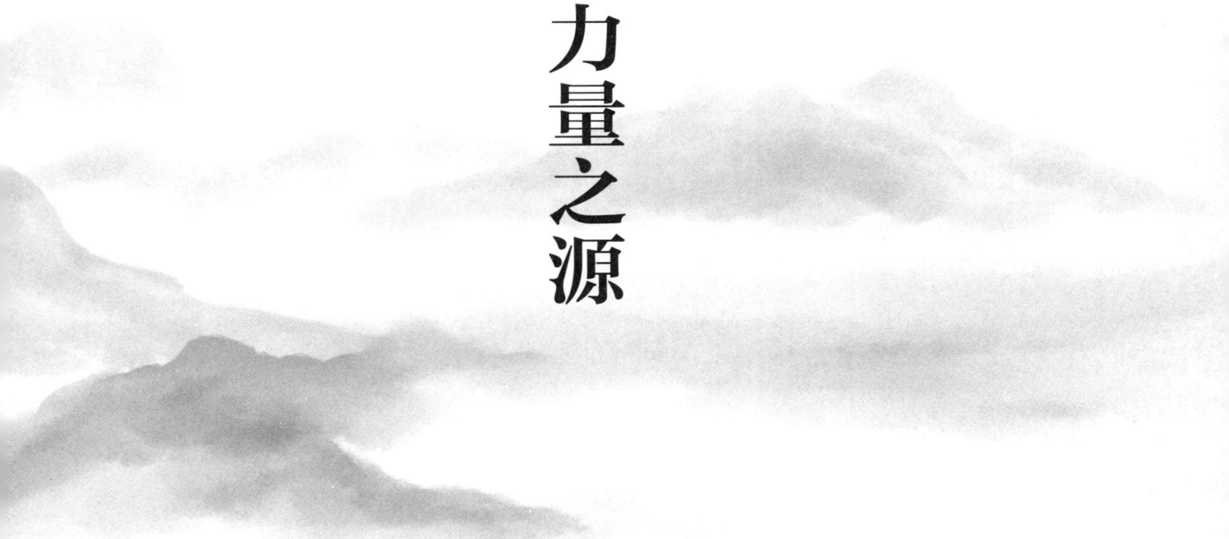

上下同欲者胜

我做学校管理时，发现相当一部分学生喜欢在课桌上面刻画，许多桌子的表面都是坑坑洼洼，通过“爱护公物”等教育活动，收效也不大，随后学校出台了新的管理办法：其一，优秀班级评选将班容班貌纳入考核项目；其二，将公物（包括课桌、床及其他设施）的保护情况记入毕业鉴定；其三，对故意损坏公物者，由其监护人依规作出赔偿。新的管理办法执行以后，在桌子上刻画等损坏公物的行为几乎绝迹。

当将爱护公物与班级荣誉、个人操行评定、家庭利益融为一体后，就极大地调动起了学生爱护公物的积极性和主动性。

历史上，在楚汉相争的紧要关头——刘邦的军队与项羽的军队相持于荥泽（今河南荥阳），双方成胶着状态，都是苦苦支撑。刘邦接连发出许多命令，要求各路诸侯带兵前来，可是大家都按兵不动，坐山观虎斗。千钧一发之际，张良提出了建议：“楚兵且破，二人未有分地，其不至固宜。君王能与共天下，可立致也。”刘邦听从了这个建议，马上许愿分封各路诸侯，并把临淄、大梁、淮南大片土地封给他们。于是各路诸侯都领兵赶来，将项羽团团围困于垓下，又是十面埋伏，又是四面楚歌，项羽最后战败自刎。

1930年5月，中原大战爆发，蒋介石与阎锡山、冯玉祥、李宗仁等在河南、山东、安徽等省发生军阀混战，双方势均力敌，激战数月，各有胜负。在双方正杀得难分难解的时候，1930年9月18日，东北军统帅张学良发出通电，宣布支持蒋介石的南京中央政府，东北军大举入关，阎冯联军的形势急转直下，无法挽回，不久便完全失败。张学良为什么会在关键时刻站到蒋介石一边？这固然与张学良着眼全局和胸怀中国未来有关——张学良希望结束军阀混战，希望中国能够团结统一。但蒋介石的许诺也很重要——答应和张学良共治天下，将黄河以北交给张学良管理。

在非常时刻，刘邦和蒋介石都是用“利益共享”来团结敌人的，团结就是力量。

我们都熟知破釜沉舟的故事，历史上还有个类似的济河焚舟的故事——公元前625年，秦穆公派孟明视伐晋，孟明视从茅津渡河后将船全部烧毁，背水一战，大败晋军，占领王官等地。

破釜沉舟和济河焚舟达成了生死与共的巨大决心和拼死一战的坚毅斗志。

红旗渠是20世纪60年代河南安阳林县人民在极其艰难的条件下，从太行山腰修建的引漳河水入林县的工程，被称为“人工天河”。红旗渠工程历时近十年，林县人民用近乎原始的劳动工具，风餐露宿，以愚公移山的精神，削平了1250座山头，架设

151座渡槽，开凿211个隧洞，修建各种建筑物12408座，挖砌土石达2225万立方米。

红旗渠的建成，彻底结束了林县十年九旱、水贵如油的苦难历史。

红旗渠是林县人民创造的一大奇迹，林县人民这种自力更生、艰苦创业、自强不息、开拓创新、团结协作、无私奉献的精神从何而来？源头就是信念——“重新安排林县河山”的信念，建“生命渠”“幸福渠”的信念。正是信念带来了强大的凝聚力和战斗力。正所谓“心向高山，不畏荆棘；身处平原，甘为泗洪”。

如果将信念、荣辱、利益、命运等融入团队建设中，让所有人信念与共、荣辱与共、利益与共、命运与共，则团队将像一股洪流，势不可当，锐不可当。

如何让每个员工都爱企业？如何让每个员工都愿意为企业殚精竭虑？我们看看格力电器的做法：公平公正——制度面前人人平等，唯德唯才，人尽其才。尊重每个人——对所有员工一视同仁，让每个人都有尊严，不允许有“农民工”等这样字眼的歧视性称呼。为每个员工谋福利——给一线员工一人一房，退休后房子归员工自己。

个人在团队中有平等的机会，通过努力就可实现自己的价值，这会产生信赖感；个人在团队中，不论身处何位，都能活得有尊严，这就是归属感；个人在团队中能够享有较好的工作条件和得到良好的生活保障，这就是安全感。

个人对团队有了信赖感，有了归属感，有了安全感，和团队就会融为一体，就会同德同心，就会众志成城，就会无往而不胜。

制度树人

在被称为“世界八大奇迹”之一的秦兵马俑坑，如果你看到那些栩栩如生的士兵竟然很少有人戴头盔，不知你是否会心生疑窦——战场上的秦人难道不懂得防护吗？从这一侧面可以窥见秦军的英勇无畏和视死如归。司马迁在《史记》中也有记载，说秦军在战场上常常赤膊上阵，甚至脱去铠甲。

荀子说过：“齐之技击不可以遇魏氏之武卒，魏氏之武卒不可以遇秦之锐士……有遇之者，若以焦熬投石焉。”“左挈人头，右挟生虏”也是秦军在战场的真实写照，由此秦国军队又被人称为“虎狼之师”，这足以证明其强悍的战斗力。

这支军队是如何炼成的？靠的是商鞅制定的奖励军功制度。据《汉书》记载：“商君为法于秦，战斩一首赐爵一级，欲为官者五十石。”《史记》记载，秦国规定“有功者显荣，无功者虽富无所芬华。”

制度有活力，人就有活力；制度有精神，人就有精神。

这种推崇战功的制度，锻造了秦军的血性和野性，使秦国军队的战斗力大大增强，为秦国横扫六国奠定了坚实的基础。

为什么共产主义的火种在中国大地一经点燃，便成星火燎原之势，不可阻挡?

共产主义主张反剥削、反压迫，消灭私有制，建立公有制。这不正是百姓所向往的理想社会吗——平等、公平、正义。所以，共产主义一经传入中国，便吸引了一大批追随者，基于这一理想，中国共产党人又结合中国当时的实际，实行土地革命，推行新的土地制度——分田地，让耕者有其田，废除封建剥削和债务。

把思想融入制度，制度就有了灵性，也有了力量。

新的土地制度使广大贫雇农政治上翻了身，经济上分到土地，生活上得到保证，他们切身感受到了这种制度的温暖和美好。从此，他们拥有了坚定的信念——跟着中国共产党，也拥有了坚定的信仰——共产主义好。于是，被这种信念和信仰武装起来的人争相参军，积极投身革命，就像百川入海，汇聚成浩荡的洪流，摧枯拉朽，奔腾向前。

信念不变、信仰不灭——这正是这支队伍的灵魂。

制度可以塑造人，还可以培养人。

有一家知名企业，在它的总部有这样一项规定：不论是企业高管还是普通员工，上班的时候，先来者须把车辆停放在离公司门口远的地方。这样，后来者则有机会把车辆停放在离公司门口近的地方。

是不是有点儿奇怪？因为绝大多数的地方都是先来者占方便

车位，或专门设置领导专用车位。

这家企业的想法是：先来者有充裕的时间把车停放在远处，而迟来者急匆匆地要赶上班时间，这样就给他们停车省下了时间。

这样的制度体贴吗？又何止是体贴，它还体现了理解、包容、爱心、平等、尊重等。

制度阴险，人就可能变得阴险。武则天执政初期，为了打击反对她的人，建立了一套制度——奖励告密者的制度。告密者出于什么目的？无非是为了满足私欲，这只会导致出卖、诬告、陷害等。这种阴毒的制度很快毒化了社会风气，污染了一批人，也豢养出了一批臭名昭著的酷吏和阴鸷歹毒的小人。

欲望不止，纷争不休

人的欲望与生俱来，欲望也主宰着一切人类的活动。

欲望是创造的动力，是人类进化、社会发展的力量之源。

欲望的多样造就了世界的纷繁复杂和人生的千姿百态。

一切的欢乐和痛苦，一切的美好和丑恶，都与欲望息息相关。

欲望没有止境，终会导致冲突。从物质方面来说，环境和资源的承载力是有限的，而人口是不断增长的，消耗物质的欲望是不断膨胀的，这会引起空间和资源的争夺；从精神方面来说，每一种观念，每一种思想，每一种文化都在寻求认同、寻求扩张、寻求征服，谁乐意甘居人后，谁愿意束手就擒？

欲望风平浪静，世界就安宁祥和；

欲望风起云涌，世界就躁动不安。

欲望磅礴，社会就富有生机和活力；

欲望凋零，社会就陷于荒芜和沉寂。

欲望美好，生活就会五彩斑斓；

欲望丑恶，生活就会浊浪滚滚。

善于驾驭欲望的人，常能走好人生之路；

无度放纵欲望的人，必将坠落无底深渊。

欲望要靠规矩去约束，靠文化去升华，靠教育去引导，靠艺术去描绘。

管理好自己的欲望，自己就容易获得满足和幸福；

管理好社会的欲望，社会就容易形成秩序和稳定。

中东地区为什么会战乱频频，动荡不安？为什么世界强国会不断搅局、助推暴力冲突？源头就是奔涌的欲望——财富欲、征服欲、权力欲、土地欲。

日本恶魔——“731”部队——1933年设在中国东北的杀人工厂，为什么会用活人进行惨绝人寰的细菌实验？正是出于石井四郎的邪恶欲望——让细菌战为侵略战争助力。

19世纪初，英国为了攫取巨大的不法利益，向中国输入了巨量的鸦片毒品，一时间，中国大地烟馆林立，从王公大臣到平民百姓，吸食鸦片者日渐增加，导致中国人身体虚弱和精神衰惫，社会风尚败坏，国库枯竭，中国几无可战之力。

中国倡议的“一带一路”，本着“共商、共享、共建”的美好愿望，秉持“和平合作、开放包容、互学互鉴、互利共赢”的理念，那么它带给世界的必定是共同发展、共同繁荣。

塞罕坝曾经是“黄沙遮天日，飞鸟无栖树”的荒漠，而现在是一幅蓝天白云、森林茂密、水草丰美、鸟兽云集的美丽画卷。

是什么力量让塞罕坝机械林场的建设者创造出这样的人间奇

迹？是对“天蓝地绿水净”的美好向往，是“让山川变美”的强烈渴望，是这种向往和渴望所激发出的“艰苦奋斗，一代接着一代干，驰而不息，久久为功”。2017年12月，塞罕坝机械林场建设者获联合国环境规划署颁发的环保最高奖——“地球卫士奖”。

一个人，不论是达官显贵还是普通民众，也不论是英雄豪杰还是凡夫俗子，如果不善于管理自己的欲望，终究会付出相应的代价。像汉朝的刘贺——继位刚27天，就因随心所欲、胡作非为、荒唐事不断而被废黜；像清朝乾隆时期的和珅，贪婪无度，虽富可敌国，终换来一尺白绫；像清朝雍正时期的年羹尧，曾立下赫赫战功，高官显爵集于一身，却居功自傲，目空一切，恣意妄为，被赐自尽。

一个国家，如果无力约束各种势力的欲望，社会就会陷入混乱和黑暗。1916年，被欲望冲昏头脑的袁世凯复辟帝制失败，在一片讨伐声中郁郁而死，自此，中华民国一时无人具有足够能力统领各路军阀，进入军阀割据时期，林林总总有皖系、直系、奉系、晋系、滇系、桂系、定武军等，这些军阀争斗不已、冲突不断，中国大地烽火连天，人民处于水深火热之中。

上下几千年，中华民族几度强盛，天下无敌，但始终没有去侵略、去掠夺，中华民族这种高尚的品格是如何形成的？这要得益于中国传统文化的影响，得益于“仁义礼智信”“温良恭俭让”“己所不欲，勿施于人”“己欲立而立人，己欲达而达人”这些道德成分的长期滋养。

心心相印

一次，我去书店买书，看到一个孩子缠着他的母亲要买某本书，母亲不高兴："快要考试了，学习资料还不够你看吗？"孩子急了，立了军令状："我保证完成好老师布置的作业。"母亲这才不情愿地买下那本书。我记下了书名，作为一名教育工作者，好奇心促使我浏览了一下那本书，那是一本有关动物的小说——《刀疤豺母》，虽仅是浏览，我这个成年人却也被孩子喜爱的那本书迷住了。买回家一气读完了，书中动物的灵性，人与动物的曲折离奇的故事深深打动了我。这本书告诉人们一个道理：人与动物要和谐相处，人与自然要和谐相处。毋疑，这是一本有趣的有益于孩子的书，可为什么有的家长拒绝它呢？由此，我想到一个问题——为什么孩子不愿和我们谈心呢？我也悟出了一个道理：读孩子喜欢的书，就会和孩子有共同语言，就更容易和孩子们交流沟通，当然，也更容易理解他们。

爱是教育的灵魂。实践证明，师生关系影响着甚至决定着教育质量。那么，试想一下，亲爱的老师：

您是否记录了您班上每个孩子的生日，并能在他们的生日来临之际，送上一句温馨的祝福？

您是否记住了孩子的名字，且读懂其所蕴含的诗情画意抑或美好的期冀？您是否通过家访和观察了解了每个孩子的性格、爱好和特长？

您有一颗童心吗？您读孩子喜欢读的书吗？您乐意做他们喜欢做的事吗？

您对孩子微笑吗？您把他们当作学生，抑或朋友、天使吗？

您带他们旅游过吗？您曾经和他们一起欢呼雀跃过吗？

孩子的快乐和烦恼能否逃过您的眼睛？您是否为之一动？

亲爱的老师，您可否知道：

您的微笑会像涟漪一样荡漾在孩子的心湖里，宛如和煦的微风吹过。

当孩子听到您的生日祝福时，他们会怎样的欣喜和激动！您对他们来说是多么亲切和友好！

当您和孩子在野外、在大自然中徜徉、玩耍、嬉戏时，孩子的快乐就是您的快乐，您的快乐也是他们的快乐，您何止是他们的知心朋友，他们对您的依恋和亲热会油然而生。

如果您善于倾听，您就会知道孩子的心声。有这样一位教育局局长，与孩子交流时，常常俯下身子或让孩子坐在自己的身旁，面带春风，语含热爱，孩子也常常受到他的感染，非常愿意把心里话说与他听。如此走进心灵的教育，必然会打动心灵。

心心相通，心心相印。唯有热爱才能激起热爱，唯有真诚才能唤起真诚，唯有兴趣才能激发兴趣，唯有激情才能点燃激情……

亲爱的家长：

当您面对孩子的好奇，您是否有耐心陪孩子去探索发现？科学精神就在于一点一滴地积累。

当您就家庭的一些事情特别是有关孩子的事情做决策时，您会和孩子商量吗？您会尊重他们的意见吗？民主的种子会在此时悄然播下。

当您考虑欠妥或做得不对并使孩子受到伤害时，您会主动向孩子道歉吗？平等的意识会在这时萌芽。

您会欣赏、赞美、激励您的孩子吗？自信心越呵护就会变得越强大。

心心相印，心心相融，融则通，通则达。

善难以独存

孟子曰：“穷则独善其身，达则兼济天下。”

不得志时，真容易做到独善其身吗？介子推于晋文公重耳有患难与共、生死相随、割股充饥之情义，却不慕功名利禄，隐居山林，后误被烧死，独善其身却付出了生命的代价。“竹林名士”嵇康才华出众，是三国时期著名思想家、音乐家、文学家，恬静无欲，隐居不仕，一心想要独善其身、逍遥世外，却被构陷致死。

树欲静而风不止，如果是微风，树犹能泰然自若，如果是狂风、暴风，树还能立稳足吗？还能保全自己吗？

善离不开好的环境。

1933年，德国在纳粹党执政后，纳粹主义肆虐，纳粹奉行种族歧视、领袖独裁、弱肉强食的政治主张，先是犹太人遭到灭绝式的屠杀，接着又疯狂侵略扩张，给全世界造成巨大灾难。纳粹存续期间，其制造的罪恶堪称“罄南山之竹，书罪未穷；决东海之波，流恶难尽”。

得志时，想要“兼善天下”，也是非常不易的事情。西汉著名政治家、文学家晁错，他的政论文《言兵事疏》《守边劝农疏》《贤良对策》《论贵粟疏》等，被鲁迅誉为“西汉鸿文，沾溉后人，其泽甚远”。汉文帝和汉景帝时期，晁错在振兴经济、抵御匈奴侵略、抑制诸侯等方面贡献了一系列主张并取得了重大成就。汉景帝时，晁错被任为内史，后迁至御史大夫，再次进言削藩，得到采纳，但在诸侯举兵反叛后，晁错被腰斩于市。《汉书》中评价道：“为国远虑，而不见身害……错虽不终，世哀其忠。”

善离不开维护，善也需要智慧。

善良的人往往容易轻信，因此，善还需要融入智慧，融入质疑和批判的精神。

祛病消灾、永享富贵和长生不老是芸芸众生最朴素、最善良的愿望，这种愿望常被利用，也常被愚弄。

也正因此，历史的长河中冒出了很多占卜吉凶的阴阳先生、炼仙丹的术士、点金的方士、包治百病的“神医”、高薪诱人的传销分子等。

明代著名的书画家唐伯虎写过一首诗：

> 破布衫巾破布裙，
> 逢人便说会烧银。
> 君何不自烧些用，
> 担水河头卖与人。

有了唐伯虎这样的思考和质疑，你还会轻信吗?

经常听说这样的事例。许多人为别人担保贷款或借款，最后借贷人无力偿还而一逃了之，导致担保人为其偿还债务，从而陷入困境。帮助别人是善行，可同时你也应明确这样做的法律责任，也应考察借贷人的信誉，质疑借贷人的还款能力。

善也需要勇敢。

善良与勇敢结伴而行，就会令欺侮远离；善良与懦弱为伍，常会招来欺凌。

公元前210年，秦始皇巡行途中病危，遗诏扶苏治丧即位。赵高、李斯等人与秦始皇的第十八子胡亥篡改遗诏，立胡亥为太子，并伪造遗诏列举扶苏和蒙恬的罪过，命令他们自尽。当扶苏看到遗诏后，痛哭流涕，准备自杀，而大将蒙恬见多识广，足智多谋，察觉到这其中可能有诈，劝说扶苏进行复核。此时的扶苏虽手握精兵数十万，却显得窝囊，既没了洗清冤屈的勇敢，又没了明辨真相的智慧，只留下一句话：“父赐子死，尚安复请！”扶苏就这样死了，辜负了雄视天下的父皇，辜负了智勇双全的蒙恬。从某个角度说，他不如玄武门之变的李世民，也不如敢把侄儿拉下马的燕王朱棣。

善还需要力量。

善良有了力量的支撑，才会彰显更大的价值，才会赢得更多的尊崇。清王朝光绪帝面对列强瓜分中国的狂潮，痛定思痛，极力主张变法图强，1898年开始实行戊戌变法，却遭到了以慈禧太后为代表的封建顽固势力的反对、抵制和扼杀。

善还需要适度。

善也应把握度和分寸，适度的善宜人，让人感到温暖，心生感恩。过度的善灼人，容易点燃贪欲之火，让人产生不劳而获和攫取的邪念。

还有许多的美好，如真诚、正直、仁爱，同样也都无法单独存在。

中国提出的社会主义核心价值观，国家层面的富强、民主、文明、和谐与社会层面的自由、平等、公正、法治和个人层面的爱国、敬业、诚信、友善也是互为依存、互相融通的。

人与人要友善相处，离不开民主、和谐的顶层设计，也离不开平等、公正的社会建设。只要有民主、和谐的氛围，平等、公正的环境，友善自然就会融入其中，水到渠成。

这是个互相融通的世界，任何事物都无法孤立存在。

第二次世界大战期间，面对德国、日本、意大利等法西斯国家的疯狂侵略和大举扩张，面对英、法等国的不断请求和求救，面对被侵略国家遭受的深重苦难，美国政府明哲保身，视若无睹，声明美国在战争中保持中立。美国能置身事外吗？非也。1941年12月7日，日本袭击了珍珠港，太平洋战争爆发。

战与和

1950年6月，朝鲜战争爆发。9月，以美军为主的联合国军在仁川登陆，开始大举北犯，严重威胁中国的安全。中华人民共和国刚刚诞生，中国人民怎能不渴盼和平？但面对侵略者的狰狞，要想拥有和平，唯有亮剑——中国人民志愿军赴朝鲜浴血奋战，与朝鲜人民军一道把敌军从鸭绿江边逐回三八线附近。终于，1951年7月，美国政府同意进行停战谈判。即使在谈判期间，也是谈谈打打，打打谈谈，于1953年7月各方才签署了停战协定。

彼时彼势，以战才能促和。

1935年5月，中央红军长征到达凉山彝族聚居区，这里的地形和社会环境都十分复杂，而中央红军当时处于非常困难的时期——敌人围追堵截、部队减员严重、装备落后、粮食紧张，避免与少数民族冲突并顺利通过凉山地区，此时显得尤为重要。中国共产党人坚持了“团结、友好、平等、尊重”的民族政策，在这一政策的指导下，中央红军北上先遣部队司令员刘伯承与彝族首领小叶丹在西康省冕宁县的彝海边举行了名扬后世的彝海结盟。这次结盟使红军顺利通过凉山，为革命保存和增添了有生力量，继而为红军强渡大渡河赢得了宝贵时间。

和平政策避免了冲突，换来了团结，赢得了支持。

战与和常常是交织在一起的，战争破坏了和平，最终又要走向和平；和平虽消除了战争，却又会孕育战争。

战争会制造眼泪、流血、死难、废墟、荒芜，就在这样的背景下，又会形成一种新的平衡、新的规则和新的秩序，最后形成新的和平。

而和平所到之处，繁花如锦，绿草如茵，人们安宁幸福，自由快乐。和平给休养生息和成长发展提供了适宜的环境，一切都欣欣向荣。千帆竞发，百舸争流，快者会捷足先登，强者则异军突起，新的不平衡又产生了，不平衡就会滋生野心和矛盾，不安和动荡的种子也悄然生根发芽。

人类的历史既是一部战争史，又是一部和平史。

战争不只是战场上的较量，往往也是一种整体战。影响战争的因素很多，如自然环境、思想观念、政治、经济、文化、科技、军工、战略战术、士气、后勤等，高明的领导善于综合分析、统筹谋划，正所谓“不谋全局者，不足以谋一域；不谋万世者，不足以谋一时”。

第二次世界大战，德国为什么会败给苏联？我们综合各种因素分析一下。其一，苏联疆域非常辽阔，所以“强弩之极，矢不能穿鲁缟；冲风之末，力不能漂鸿毛”。其二，从政治上讲，苏联是反侵略，是正义战争，更容易凝聚人心和获得国际支持。斯大林格勒战役足见苏联红军的顽强和英勇。其三，苏军的大纵深作战理论不亚于德军的闪电战作战理论。其四，苏联当时的科技和军工水平也不亚于德国。其五，德军是长途跋涉，后勤供应困难，在莫斯科保卫战中，极端的寒冷就严重削弱了德军的战斗力。

爱好和平不是软弱的表现，而是一种高超的艺术，就好像诸多元素，如气度、胸怀、理解、尊重、包容、信任、合作等，高明的画家会将它们描绘成一幅和谐美丽的画卷。

创造的阶梯

有一家摄影公司，给顾客服务时开价很高，费用是其他公司的好多倍，即使这样，各路明星、各界名人还是纷至沓来。这家公司有什么过人之处?

原来，这家公司有这些重要的做法：了解并分析顾客的经历、性格、学养、气度、特长、相貌、成就等；为顾客选择合适的服装饰品；为拍摄构想相应的背景、场景、色调等；研究摄像的角度、远近、光影、布局；等等。然后将所有信息融通进行创作，正是因为这种出色的融通能力，所以摄影作品往往出神入化，人物的气质、风格、风采等非常鲜明和突出。

融通能力的发挥需要想象力，善于想象才能将信息联系起来，

融通能力的提升需要深入的思考，善于思考才能在信息的融合中有所发现。

某次战役中，甲、乙两军对垒，双方都很勇猛顽强，虽然

激战多日，但难分胜负，战斗陷入胶着状态，谁也拿不下对方。这时，甲方的指挥官通过望远镜观察到：乙方阵地的一个小土包上有一只猫，趁着交战的间隙在晒太阳。经过仔细辨析，他发现这只猫不是一只普通的猫，而是一只名贵的猫。他不禁满腹狐疑：战火纷飞的阵地上，为什么会出现一只猫，而且是一只名贵的猫？这只猫从哪里来？它的主人是谁？主人的身份是什么？通过发挥想象力，经过缜密的分析，他将猫与乙方指挥官联系起来，并根据猫的活动轨迹判断出乙方指挥所所在的地下掩体的位置，之后给炮兵部队下达了攻击指令。最终乙方指挥所被炸毁，指挥官被炸死，乙方部队群龙无首，陷于混乱，很快溃败。

融通能力是创造的阶梯。

创造的本质就是新旧知识的不断融合，并在融合的过程中诞生新的果实。

百年巨匠——刘天华，中国近代民族音乐的一代宗师，自幼就受到民间音乐的熏陶，之后学习西方音乐，对各种西方乐器颇有造诣，又拜多位民间音乐家学习二胡、古琴、琵琶等，拜外国音乐家学习小提琴，同时认真钻研西方音乐理论，再后来又成立组织与学生一道研究昆曲和京剧等。在此过程中，刘天华认识到每种音乐均有所长，也认识到中西方音乐各有优点，其“中西兼擅，理艺并长，而又能会通其间，当世盖无第二人”。

因为不断地汲取和融合，刘天华在国乐的创作上取得了丰硕的成果，他创作的许多作品兼具不同音乐的手法和特点，新颖独特，极富表现力，一直保持着很强的艺术生命力。他使二胡从乐曲到演奏上都增添了艺术表现的深刻性，从而使二胡大放光彩，登上大雅之堂，刘天华也因此被誉为“二胡鼻祖”。

第六篇

成败岂无凭

别无选择

人生，就是一个不断选择的过程。

人的一生中，会面临无数次的选择，选择对人生的影响很大，不同的选择能造成不同的结果，甚至导致巨大的差异，荣或辱、贫或富、顺或逆、成或败都与人的选择有关。

人们常常觉得选择是自由的，也常常对曾经做出的错误选择懊悔不迭，对曾经做出的正确选择庆幸不已。实质上，你无须纠结，当时的选择极有可能是你唯一的选择。

你是什么样的人？你的天资、相貌、性格、语言、修养、信仰等，或许早已经注定，因为身处的环境，经历的一切，都会在你身上留下烙印，影响着你。

你去向何方？你选的道路，你选的目的地，或许只能如此，因为你的知识、阅历、眼光、思想早已经驾驭了你。

刘备成也《隆中对》，败也《隆中对》。诸葛亮审时度势，描绘出了魏、蜀、吴三足鼎立的蓝图，也埋下了荆州、益州两地分兵的败笔。沿着《隆中对》规划的路线，刘备不断发展壮大，建立了蜀汉政权之后，又为实现“霸业可成，汉室可兴”的目标，不顾实力，分兵出击，以致遭受荆州之败和夷陵惨败的巨大损失，蜀汉走向衰弱。

说起蜀国的实力，不得不提“直百钱”。“直百钱”是刘备所铸的钱币的一种，一枚金属钱币抵币值一百，本质上是一种掠夺民财的行为，以仁义示人的刘备为何这样做呢？蜀汉处蛮荒之地，又加上连年征战，难以为继，不得已而为之啊。

项羽在鸿门宴上为什么不杀刘邦而错失千载良机？因为他出身贵族，不屑于用这种阴谋诡计，又因为不善识人、没有远见、头脑简单，他轻视刘邦，认为刘邦的兵力远不如自己，不会对自己构成威胁。

才华与梦想不相配时，人的烦恼、失意就悄然而至。

智慧与财富不相称时，财富的流失乃至消亡便为期不远。

当你弱小无力时，如同一叶浮萍，也许只能随波逐流，随遇而安。

当你强大有力时，方敢“到中流击水，浪遏飞舟”，当会“金戈铁马，气吞万里如虎”。

心存阳光，心怀憧憬，在暗夜你也能望见曙光，在冬天你也能听见春的脚步。

心存善良，心怀敬畏，即便没有监督，即使没人发现，你也绝不会“因恶小而为之”。

为了信仰和真理，有人甘于清贫，不辞劳苦，乐于奉献。

为了尊严和正义，有人不屈不挠，勇往直前，不惜生命。

没有底气，哪来一身正气、满怀豪情？哪来自信果敢、从容不迫？

没有坚强和坚韧，怎会不惧苦难、不畏艰险？怎会前赴后继、赴汤蹈火？怎会经受得住严酷考验？

胸怀宽广，志向远大，怎会斤斤计较，睚眦必报？林肯说：一个成大事的人，不能处处与别人计较，消耗自己的时间去和他人争论。无谓的争论，不但有损自己的性情，而且会让你失去自控力。在尽可能的情况下，不妨对人谦让一点，与其跟狗抢道，不如让狗先走一步。如果被狗咬一口，你即使把它打死，也不能治好你的伤口。

贪慕荣华，贪图富贵，贪恋享受，如何能做到“富贵不能淫，贫贱不能移，威武不能屈”？

正因为贪婪和心存侥幸，许多人铤而走险。

正因为嫉妒和失去理性，许多人肆意诋毁、攻击和陷害别人。

不要嘲笑年少的懵懂、狂妄、浅陋，我们曾经历过，那也是成熟的必经之路。

不要怨恨不期而至的病痛，这也许与你的禀赋有关，也许是你长期生活方式和人生态度的积累。

不要对无处不在的势利感到不平和愤懑，你无可奈何也改变不了，唯有提升自己的价值，让自己强大起来，因为家有梧桐树，自有凤凰来。

为什么会有城下之盟，《马关条约》《辛丑条约》等不平等条约，李鸿章如果不签，也定会有别的人来签，实力使然。

为什么会有那么多的对抗、冲突，甚至公然入侵，利益使然？

你可能不只属于你自己，身在集体，你与集体一荣俱荣、一损俱损，集体的命运就是你的命运，为了集体，你愿拼尽全力，你愿舍弃一切。

别无选择，并不是宿命论，而要做出谨慎、科学的选择，恰恰需要人们不断磨砺自己、充实自己、完善自己，让自己拥有超前的眼光、深厚的底蕴、敏锐的判断……

以变应万变

柯达胶卷曾是世界胶卷市场的著名品牌，伴随着几代人的成长记录——喜悦、感动、怀念……柯达胶卷堪称家喻户晓，但在拍照从“胶卷时代”大踏步进入“数字时代”以后，“柯达”的光环渐渐褪色，迅速衰落。2012年1月19日，柯达公司正式提出破产保护，辉煌成为过去。

为什么会有这么大的反差?

当数字技术兴起之际，柯达公司对新技术给予传统的胶片影像技术的冲击，反应迟钝，没有及时调整公司发展的战略方向，错失先机，导致在数码领域步履蹒跚，回天乏术。

与此同时，因为做到了随机应变，做数码产品的富士、索尼、佳能、尼康等品牌快速崛起。

时间、观念、技术、社会都在变，生产、消费、工作、生活的方式也在变。

一切皆变，世上没有一成不变的事物。

不变是相对的，变是绝对的。

我们如何应对这变化的世界？

以不变应万变可行吗？“不变”的事物怎能适应变化的环境？

以变应变，这是一条重要的生存法则。

四渡赤水是长征中的杰作，也是军事史上的奇迹，每一次渡赤水，不管是主动的还是被动的，毛泽东运筹帷幄，总是围绕形势、环境、敌情的变化而变化，灵活机动，把国民党军队搞得如坠云雾、晕头转向，从而实现了出其不意、调动敌人、跳出包围圈、克敌制胜的目标。

党章，是一个政党为保证全党在政治上、思想上的一致和组织上、行动上的统一所制定的章程。打开《中国共产党章程》，从“一大”到“十九大”，你会发现，在不同的历史阶段，党章的内容是不同的，中国共产党人根据不同时期的国际背景、中国国情、人民愿望、社会现实等，一直在不断地修改党章，虽然也走过弯路，经历过挫折，但正因为能以变应变，思想在发展，方向在修正，任务在更新，所以目标更伟大。实践证明，中国共产党是一个具有强大的生命力的政党。

你可能会问：“诸如仁、义、信这些美好的价值观也要以变应变吗？”

公元前341年，秦孝公派商鞅进攻魏国，魏派公子卬迎战，两军在吴城对峙，商鞅派使者送信，说：“我当年与公子相处得很友好，如今我们成了敌对将领，我不忍心攻击你，我可以与公子当面坦诚相见，订立盟约，然后我们各自撤兵，共享太平。”

公子卬重信义，结果赴会时中了埋伏，当了俘虏，商鞅趁机进攻魏军，大获全胜。

表面看公子卬败于自己的轻信，实则他不懂得因人、因事及时变通——纵观商鞅好刑名法术之学、天资刻薄及贬斥儒学等行迹，商鞅会尊礼守信吗？何况是两国交兵，殊死较量，为达目的，他只会不择手段。

不能综合分析，不会结合实际，单以诚信、友善、仁义对待敌国、敌人，是机械的、教条的、幼稚的。

有容乃强

古人云："海纳百川，有容乃大。"

观人物的沉浮，话朝代的兴废，评国家的盛衰，能发现这样一个道理：有容乃强。

公元前362年，秦孝公继位，此时的秦国内忧外患，处于落后的状况。秦孝公以此为耻，雄心勃勃，励精图治，发布了第一号令——《求贤令》：宾客群臣有能出奇计强秦者，吾且尊官，与之分土。《求贤令》求得许多人才，其中有一个奇才，那就是商鞅，他的变法使秦国走上富强之路。

到了秦王嬴政时，韩国派出一个名叫郑国的间谍，他让秦国大兴水利建设工程，企图消耗秦国实力，被秦王发现，遂下逐客令，驱逐在秦国任职的他国人。当时担任客卿的李斯上书秦王，用大量事实说明秦国历代任用外来宾客所取得的成就，并指出逐客的危险后果，这就是著名的《谏逐客书》。秦王读后立刻醒悟，取消了逐客令，秦国仍旧坚持招揽外来人才的传统，于是有才能的人仍源源不断地来到秦国并得到重用。这些人在秦国统一中国的过程中发挥了巨大作用，就连来搞破坏的郑国也被赦免，继续为秦国效力，最后修成了造福百姓的郑国渠。

1979年，中国实行改革开放的政策，向世界敞开了大门。一时间，多元文化让人目不暇接，先进技术被大量引进，各类人才纷至沓来，各种新观念让人思想解放。因为容纳，中国有了超常的大气；因为融合，中国也有了超常的活力，从而飞速发展，迅速崛起。

对一个民族、一个国家而言，有容乃强。对一个人而言，也是如此。

一个人如能“容知”，就会不断学习，善于学习，向书本学，向他人学，在实践中学。博览群书，博采众长，增长见识，丰富阅历。

一个人如能“容人”，则必有广阔的胸怀，与人为善，包容别人，宽厚待人，在生活和工作中，能发现别人的优点，宽容别人的不足，取人之长，补己之短。能“容人”的人，人际关系常常是和谐的，也常生活快乐，事业多助，道路广阔。

一个人如能“容异”，是难能可贵的。这个“异”可能是不同的视角，可能是奇思异想，甚至是批评和反对的意见等。“容异”会“兼听则明”；“容异”会促进团结；“容异”会让人冷静，在冷静中反思，在反思中清醒，在清醒中开悟；“容异”还是一片沃土——想象和创新的沃土。

有容的人，心灵开放，胸襟开阔，思想解放，思维奔放，具有强大的力量。

容知、容人、容异，有容乃强。

汉文帝时，匈奴时常侵犯边疆。一次汉文帝遇到中郎署长冯唐，感慨自己没有像廉颇、李牧一样的名将，冯唐回答道："即使陛下您得到这样的名将，也不会任用。"汉文帝大怒，起身回宫，过了不久，汉文帝召见冯唐，责备道："你为何当众羞辱我，不会私下单独对我说吗？"冯唐说："我是个粗鄙的人，不懂得忌讳。"这件事就这样过去了——那可是君主专制时代，一言就能要命啊。之后，汉文帝又问冯唐当初那样说的原因，冯唐指出了朝廷管理边防将领方面存在的失误，汉文帝赞同并采纳了他的劝谏，边防从而得到了加强。

汉文帝能容人，能容异，这是他成就文景之治的一个重要因素。

政强国盛，政困国危

政治是人类社会中，政府、政党等治理国家的行为，对社会生活的各个方面都有着重大影响和作用，政治已深深融入经济、文化、军事等活动中。

大唐王朝灭亡的根源是什么？藩镇割据就是原因之一。唐玄宗时期，在边地开始设置大量的藩镇，至唐玄宗天宝年间，已增至10个藩镇节度使。安史之乱爆发后，唐朝中央政府为了抵御叛军进攻，军镇制度扩展到了内地，最重要的地方设立节度使，后来扩充到全国，这样就又增加了许多节度使，而节度使管辖的区域都称为“藩镇”，各个藩镇在军事、财政、人事方面享有很大的自主权，甚至屡屡出现不受唐朝中央政府控制的局面。很多藩镇逐渐形成了割据之势。

藩镇割据严重削弱了中央的权威，导致唐朝政府对地方失去控制，有的藩镇桀骜不驯，有的藩镇发动叛乱，有的藩镇拥兵自重，唐朝就这样在混乱和混战中走向了灭亡。唐朝灭亡以后出现的五代十国，也是藩镇割据的延续。

政治软弱，国家就会软弱，直到分崩离析。

1991年，苏联这个超级大国轰然解体，解体的重要原因仍是政治危机——首先，专制风行，制度僵化，社会封闭，致使思想禁锢、决策失误，经济发展缓慢，无法满足人民不断增长的物质文化生活的需要。其次，治党不严，腐败蔓延，致使政党变质，国家变质。“苏共是唯一在自己葬礼上致富的政党。”苏共的许多高级干部认为应该走资本主义道路，因为资本主义是他们攫取利益的护身符。最后，分裂主义抬头却得不到遏制，在重要关头，国家领导人不但不自我革新和自我完善，反而自我颠覆——“改造整个社会主义大厦”（戈尔巴乔夫语），致使信仰动摇，方向迷失，秩序失控。

政乱则国乱，政治出现危机，国家就会有危机，直到灭亡。

新加坡，一个面积只有700多平方千米的弹丸岛国，却创造了经济腾飞、廉洁高效、文明和谐的奇迹，一跃成为具有国际影响力的发达国家。

新加坡的成功，主要得益于政治的成功，得益于李光耀这位卓越政治家的治国之道。

李光耀富有政治智慧，具有深邃的思想、广阔的视野和敏锐的洞察力，从而为国家制定科学的战略，并做出正确的决定——改革开放，推行工业化，吸引投资，建立世界金融中心，这一系列做法促使新加坡走向繁荣富裕；推行“英语+母语”的双语政策，修改选举法以保障少数民族的权益，开办课外补习班以帮助成绩落后的马来西亚学生，让不同种族杂居交融，对不同种族的人民一视同仁，这些措施消除了种族仇视，避免了种族冲突，实现了社会和谐与安宁。

李光耀在政治上的强势和铁腕，使“新加坡比本地区其他国家更加刚强勇猛，更加有组织和高效率”，同时也使新加坡社会比较稳定。

李光耀排除阻力，实行严刑峻法，从而造就了政府清廉、社会有序、治安特好的大好局面。曾发生过这样一件事——1993年，一名15岁的美国男孩迈克菲因为破坏道路上的指示牌和在公共车辆上乱涂乱画，被新加坡的法庭判处笞刑和监禁4个月，当时在美国引起轰动，尽管美国总统克林顿亲自出面与新加坡政府沟通交涉，该男孩还是被执行了刑罚，只不过稍微减轻了一些。新加坡的治安相当好，犯罪率很低，即使深更半夜出门，也无须担心安全问题。

为了防止新闻媒体随意对政府的决策和行为进行反对和质疑，也为了防止新闻媒体任意歪曲事实甚或造谣生非，李光耀加强了对媒体的控制，对不服从管理的报刊，他毫不手软——限制销量，吊销执照，政府分配股权。由此，避免了思想动荡和社会动乱，维护了领导人的尊严，巩固了政府的权威，使国家的各项决策不被干扰，从而得到高效的落实。

政治高超，国家就强大；政治稳定，社会就稳定；政治包容，思想和文艺就繁荣……

制度先进，经济就发达；制度有活力，人民就有活力；制度合理，社会就和谐……

政治与国家、社会、文艺等是相依相融的，制度与经济、人民、社会等也是相依相融的。

相融则通，相通则达。

偶然含必然

人命关天，安全实在是头等大事，生活中许多事故的发生，看似偶然，但若将事件置于某一时空中，置于所属环境中，置于特定的社会场景中，则实属必然。

电视新闻报道过多起“因煤气泄漏而引发的火灾事故”，重要原因之一就是一些液化气制造商在液化气中添加了廉价的甲醚，而这种物质会溶解气罐的密封圈。诚信缺失和制假售假是造成这些火灾的罪魁祸首。若这些问题不能得到有效解决，类似的偶然事故必然会持续发生。

一个人在山上随手将一个装有剩水的塑料瓶丢在草丛中，机缘巧合，竟引发一场山林大火，原来剩水瓶充当了凸透镜，把太阳光线汇聚在一个焦点上了。这个偶然发生的火灾事故，反映的是文明习惯的丢失，是知识的不足和思考的缺失。

在寂静的深夜，一位女子因搭了一辆“黑出租”，被抢劫、被伤害或被杀害。这样的案件屡见不鲜，有人说具有突发性，有人说深夜最好别单独打车……我不赞同以上说法，我们想一想，这样做可不可以：你在上车前，将乘车的地点、车牌号码打电话告诉家人或朋友。这样的话，即便司机心存歹意，他敢轻易做案吗？此时，地点、车牌号码、家人或朋友，因你的智慧，均与你的安全紧密地连在一起，成了你生命和财产安全的保障。

偶然的发生蕴含着必然，必然的存在又酝酿着偶然的发生。

安全是个立体的网络。营造平安，首先是营造人的文明和智慧，营造良好的环境，营造科学的管理，营造完备的法制……

我看过全国许多学校搞防震演练的镜头，试想：地震突然发生在某一天深夜，学生正在睡梦中，这时也没了老师的组织和楼道人员的值守，我们的学生还能“泰山崩于前而色不变”吗？还能井然有序、自觉礼让吗？而这些恰是安全撤离的前提，也是防止踩踏的保障。

勇而有惧

看到这个题目，你也许会问，不是人人都称赞勇敢吗？这不是教人畏首畏尾吗？

三国时期的英雄人物——关羽，过五关，斩六将，温酒斩华雄，单刀赴会，真是勇武过人，豪气冲天。可关羽的结局呢？败走麦城，身死敌手。究其原因，关羽意气骄狂，丧失警惕，中了陆逊之计。

人若单凭骁勇胆气，可能会遇到挫折，甚至会遭遇重大的失败。

五代十国时期，“你方唱罢我登场”，改朝换代真像走马灯一样，但这种仅靠武力、拳头得来的江山注定是短命的。

有勇还应有信、有仁、有智。

三英战吕布，吕布以一敌三，他的武勇在当时堪称天下无双，可他追随丁原杀害丁原，归附董卓诛杀董卓，依附刘备攻伐刘备，反复无常，没了信义，还是被曹操俘虏后给杀掉了。

官渡之战，曹操战胜袁绍后，士兵从袁绍的大营中搜出了许多信简——曹操军中的将士讨好甚至想投靠袁绍的信札。曹操却没有按图索骥去追究这些人，而是一把火烧了这些信札。曹操也是一位仗剑闯江湖的大英雄，他不但有勇有智慧——“吾尚且自身难保，何况他人”，更有仁义——宽宏大度，从他的《观沧海》一诗中可见他的恢宏气势和远大胸怀。

东临碣石，以观沧海。
水何澹澹，山岛竦峙。
树木丛生，百草丰茂。
秋风萧瑟，洪波涌起。
日月之行，若出其中；
星汉灿烂，若出其里。
幸甚至哉，歌以咏志。

勇者兼具了信、仁、智、惧等，则必然与忠诚、友善、和平、雄才、大略、谨慎等为伍，远离背叛、凶恶、愚昧、冒险、鲁莽等。

抗日战争时期，中共中央在延安创办了一所专门收容和教育日本战俘的学校——延安日本工农学校。这所学校的历程也见证了中国共产党人的勇气、信誉、仁义、智慧，何以见得？勇气——敢于改造受日本军国主义思想毒害至深的战俘；信誉——遵守国际公约，不杀俘虏；仁义——优待战俘，让战俘接受教育，把日本战俘视为外国友人来对待，生活供应标准高于陕甘宁边区政府的其他部门；智慧——正应了毛主席在学校开学典礼大会上的题词："中国人民与日本人民是一致的，只有一个敌人，就是日本军国主义与中国的民族败类！"经过学校的教育，日本战俘的思想得到转化，素质得到提升，他们中的绝大部分人参加了八路军、新四军以及反战组织，有些人还壮烈牺牲在抗日的战场上。

融通关乎发展

大生产要社会化，经济体要全球化，文化艺术要互鉴共荣，政治制度要取长补短，外交目的要广结善缘，这是历史大势，是不可阻挡的潮流。

一个国家要想取得巨大发展，需要与全球融合，与产业链供应链融合，与各种经济体融合，与不同文化和制度融合，而且需要广泛和深入的融合。

印度在尼赫鲁和甘地执政时期，推行自给自足的经济政策，导致经济增长缓慢，贫困人口激增。而在前总理拉奥和瓦杰帕伊执政时期，印度实行开放政策，对全球贸易和投资开放，使印度融入全球化的发展。在莫迪执政时，又向外国投资者提供了更多的关于土地、税收、服务保障等方面的优惠政策，从而引来许多知名跨国企业在印度投资设厂，印度在与全球经济的融通中快速走上了经济振兴之路。

开放促进融通，融通促进发展。

中国改革开放四十多年来，取得了举世瞩目的辉煌成就——

经济飞速发展，已跃居为世界第二大经济体；人民生活水平得到极大提升；文化事业繁荣发展，并在国际舞台上展现风采；科技水平空前提高；外交日益扩大，影响力、感召力日益提升。综合国力显著增强。

习近平总书记指出：“世界经济的大海，你要还是不要，都在那儿，是回避不了的。想人为切断各国经济的资金流、技术流、产品流、产业流、人员流，让世界经济的大海退回到一个一个孤立的小湖泊、小河流，是不可能的，也是不符合历史潮流的。”

纵观世界发展大势，融通是不可逆转的时代潮流，融通也是国富民强的必由之路。

与世界融通，中国正在创造更加有利的条件——深入推进“一带一路”建设；建设贸易强国，主动打开自己的市场；营造优良的外商投资环境；全面扩大开放；创新对外投资方式；大力推进自由贸易区建设；等等。

第七篇

相融相生

道不同可相为谋

孔子的《论语·卫灵公》中有句话："道不同，不相为谋。"意指走着不同道路的人，不能在一起谋划。比喻意见或志趣不同的人就无法共事。

古亦有云："物以类聚，人以群分。"

我们也常常讲究"志同道合，志趣相投"。

我认为孔子的论点有很大的局限性，我的观点是：道不同，可相为谋。有时"道相反，恰相为谋"。

公有制与私有制是两种截然相反的体制。实行公有制，国家掌握资源和财富，可以保障国家的安全少受威胁，也可以根据国家和广大人民的需要支配和利用资源。国家还可以通过变法、改革等措施调整利益分配和化解社会矛盾，从而维护公平与和谐。实行私有制，可以极大地调动人的积极性和增强人的责任心，使效率明显提高和生产力快速发展。公有制存在公权私用和滥用从而导致资源浪费和分配不公的问题，而私有制则存在因追求利益最大化而导致财富高度集中和生产过剩的现象。

这两种体制若能互相借鉴，取长补短，则可能产生更完善、更科学的制度。1979年中国实行的农村土地承包制，将土地所有权的公有和土地经营权的私有融合在一起，政通人和，解放了生产力，激发了人民的活力，土地效益得到提高。

文与武、刚与柔、宽与严、恩与威，这些都是不同的方法，但若能文武并用、刚柔相济、宽严结合、恩威兼施，则常会事半功倍。

1949年，多朝都城北平是如何和平解放的？一方面，中国共产党人动之以情，晓之以理，劝告傅作义以民族大义为重，认清形势，弃暗投明；另一方面，毛泽东审时度势，在傅作义犹豫不决之际，命令东野迅速南下，攻占张家口，命令华野断其西退之路。而傅作义还幻想着讨价还价，但随着天津的解放，终于促使他下定决心，率部起义，避免了生灵涂炭，也保全了北平这座文明古都。

历史上，一直有主战派和主和派之争，该战还是该和？不能将它们简单地对立起来，这要视具体情况而定，上策多是剿抚并用，如果一味用兵，可能会导致国力衰弱；如果一味求和，可能会损害国家利益，国力就会被削弱。

中国古代法家的一些重要人物，如商鞅、范雎、李斯、吴起等，结局都不好，甚至很悲惨，一个重要的原因就是少了儒家的仁心。商鞅为人刻薄少恩；范雎不顾国家利益，妒贤嫉能，陷害忠臣良将白起；李斯与赵高合谋，伪造遗诏，害死始皇长子扶苏，立昏聩的胡亥为帝，助纣为虐；吴起为博取功名竟杀妻求将。这些人物一味用刚用强，最终都招致怨恨和攻击，人生悲剧因而早就埋下了伏笔。

细数历代帝王，大凡善用威权者，善治天下；善施仁政者，善得民心。如果既善用威权，又善施仁政，则社会稳定，国家繁荣昌盛。

西汉时期的文景之治开创了封建社会的第一个盛世，文景二帝治国方略就融合了儒家、道家、法家的思想，为了巩固皇权和加强中央集权，当然会沿袭以法治国的政策，抑制豪强、财政集权、分化诸侯。同时对之前基本沿用的秦朝法律进行了重大改革，实行轻刑慎罚的措施，文景时期，非常体恤人民疾苦，轻徭薄赋，虚怀纳谏，厉行节约，以德化民。文景二帝还积极推崇黄老的无为而治，不妄为，与民休息，即使匈奴入侵，一般也只是派军队逐出边塞而已。正因为如此，促进了政治进步、社会安定、经济发展、文化繁荣，出现了中国历史上有名的文景之治。

纵观中外，一直存在着保守派和改革派之争，这两派时常尖锐对立，甚至互相迫害。如中国宋仁宗时期的范仲淹与宰相吕夷简，宋神宗时期的王安石与司马光，清朝的光绪帝与慈禧太后。20世纪90年代初，美国保守派与进步派就许多社会议题及其背后的文化价值观展开了一场激烈的论战，媒体称其为“文化战争”。许多国家的历史上都出现过保守派与改革派的斗争，不是此起彼伏，就是此消彼长。

保守派和改革派的对抗容易造成社会分裂和党派对峙。

谁是谁非？保守派易陷于故步自封，改革派易困于激进冒进。正确的方法应是双方都抛弃偏见，互相学习，共同合作，走向融合，最终达成共识。

习近平在党的十九大报告中指出，坚持中国特色社会主义道路，我们“既不走封闭僵化的老路，也不走改旗易帜的邪路”。这是多么科学的创见。

互鉴共荣

不久前，一个明朝永宣年间的青花瓷瓶，在香港被拍出几亿元的价格，令人惊叹。

永宣青花瓷代表了中国青花瓷制作的最高水平，其色彩浓重明艳，像蓝宝石一样，其造型奇特，纹饰超凡脱俗，被后人赞誉为“发旷古之未有，开一代之奇葩”。

永宣青花瓷横空出世、非同凡响的秘密是什么？

时值郑和下西洋，船队带回了异域的青料，也带回了异域的文化和异域的风格，这正是永宣青花底蕴深邃、无与伦比的重要原因。

不同文明的交融创造了永宣青花的瑰丽。

敦煌是国家历史文化名城，敦煌莫高窟以壁画和塑像闻名天下，是人类珍稀的文化宝藏。

敦煌艺术造诣高深，那独特的手法、传神的写照、灵动的气韵；那恢宏的想象、磅礴的气势、炽烈的情感，无不让人震撼，让人沉醉。那漫天飞舞的美丽飞天，翩若惊鸿，婉若游龙；那东方的“蒙娜丽莎”，微笑是如此的优雅亲切……

是什么缔造了卓越的敦煌艺术？

敦煌作为丝绸之路上的咽喉要道，从张骞出使西域起，上下千余年，敦煌曾是繁华的国际都会，贸易兴盛。不同的国家、不同的民族、不同的文化、不同的风俗、不同的服饰、不同的肤色、不同的语言等在这里交汇、融合，进而产生了辉煌的敦煌艺术。

佛学高僧、名流学者、各派艺术、中原文化、异域风情都曾在敦煌相遇相知。

敦煌，融贯了东西、南北、中外。

现在，中国秉持和平合作、开放包容、互学互鉴、互利共赢的理念，提出了“一带一路”的伟大构想，与沿线国家携手推动更大范围、更高水平、更深层次的大开放、大交流、大融合，必将会创造出新的繁荣，造福中国，造福世界。

兼容并包，互鉴共荣。“未来，我们要兼容并蓄、和而不同，加强双边和多边框架内文化、教育、旅游、青年、媒体、卫生、减贫等领域合作，推动文明互鉴，使文明交流互鉴成为增进各国人民友谊的桥梁、推动社会进步的动力、维护地区和世界和平的纽带。”

这是习近平主席的讲话摘录，也是中国贡献给世界的智慧。

德法互依

西汉贾谊的《新书·审微》里记载着这样一个历史故事。

孔子的弟子宓子贱在治理单父的时候，适逢齐国向鲁国进攻，取道单父。起初，当地的父老向宓子请求说：“麦子已经熟了，如今齐寇逼近，让百姓出城把麦子抢收回来，谁收了就归谁，这样做可以增加口粮，又不会资敌了。”

父老虽再三请求，但宓子就是不答应。很快，这些麦子全部被齐军抢走了。

鲁国的贵族季孙氏听到这件事大发脾气，派人质问宓子：“百姓冒着严寒酷暑，辛勤耕耘，自己却吃不到。如果你事先不知也就罢了，但别人已经告诉你了，你为何不听？”

宓子解释说：“今年没收到麦子，明年还可以再种，但让不耕种的人得到收获，就有人会年年期盼敌人的入侵。况且，单父一年的小麦，对鲁国影响很小，假使民众产生了不劳而获的心理，这才是长久的大损失呀！”

季孙氏听了，大为惭愧，无地自容。

想一想，如果宓子按照父老的请求去做，必然会破坏“定分止争”的法治基础，带来的也必然会是世风日下，道德滑坡。

法立则德立，德存则法存。无法治则道德难立，有道德则法治易行。

助人为乐、见义勇为等是我们的传统美德，可为什么常常会出现该帮不愿帮、见义不敢为呢？！

曾经发生过这样一个真实事件：一位老人推着自行车在有积水的路上行走，突然不慎滑倒，这时，跟在后面的一个男孩急忙上前扶起老人，令人意想不到的一幕发生了，老人抓住男孩不让走，硬说是男孩将他弄倒的。此事闹得沸沸扬扬，幸好路边的监控还原了真相，也还了男孩一个清白。

前些天，又看到这样一个报道：一名年轻女子被车辆撞倒后，又遭反复碾压。这个事件可是发生在闹市，而且路过车辆甚多，围观的路人也甚多。是什么造成了人们如此冷漠和胆怯？

如果助人者和勇为者得不到认可、肯定和赞扬，受到的却是严重伤害，而法律又不能有效保护助人者和勇为者的权益，人们就可能远离这种美德。

需要提倡或推行的良好风尚，若不依靠法治思想的持久浇灌，迟早会凋零的。

以法育德，以德行法。法治与德治相互依存，将二者相互融合，即能实现政通人和，天下大治。

明人吕坤说：“有美德，必须有良法，乃可行；有良法，又须有良吏乃可成。”

美好的道德，必须靠良好的法律去维护，只有这样，美德才能得到弘扬。

同样，一个人失去了道德的底线，必然会导致法律意识淡薄，对法律缺乏敬畏，再好的法律他也会视若无睹，进而随心所欲、无所不为。

公共场所禁止吸烟的规定颁布已久，为什么在公共场所还会频频看到吸烟者？处罚不严使然。

秦朝的法令可以说很严苛，但社会因此就长治久安了吗？非然。陈胜、吴广揭竿而起后，秦王朝马上就陷入风雨飘摇之中，为何？法令里多了严酷，少了温情、体谅、同情和宽容。

法律中融入高尚的道德，善法自成。道德中融入严明的法律，美德可扬。

融通出和谐

“年深外境犹吾境，日久他乡即故乡。”这是《黄氏祖宗诗》中的一句，为什么年深日久，陌生的他乡会成为故乡？因为融入，融入新的环境，有了了解、理解，有了认同、归属，有了心心相通。

疏远会让彼此变得陌生，隔阂会导致偏见，对立会引发冲突，分裂会产生仇恨。

如何消除陌生与偏见？如何化解冲突与仇恨？

融合是最佳选择，而互相尊重、平等相待、沟通交流、互相包容、合作共赢等是融合的基础。

回望元朝，当年的蒙古铁骑勇猛剽悍，战力高强，真是所向披靡，使对手闻风丧胆，可元帝国为什么仅存续了98年？一个重要的原因——民族没有融合，而且元朝政府还制造出了严重的对立态势。

元帝国建立了存在民族歧视的等级制度，把全国人分为四等：一等蒙古人，二等色目人，三等汉人，四等南人。这些制度反映在一系列不平等的政策和规定中。例如：杀蒙古人要偿命，而杀死一个汉人，罚一头毛驴的价钱就可以了；汉人还像奴隶一样地可以被赏赐给皇亲国戚；等等。

这样不平等的政策，焉能不使民族间对立，焉能不产生仇恨，焉能不引发反抗？！

人与人如何相知相亲？只有融入彼此的世界，去观察、去体验、去思考、去领悟。

这时你才能发现，不同的世界有不同的精彩和缺憾，自己有长处和不足，别人也有长处和不足……

我们不应排斥一切，也不应全盘接受。面对彼此的长处，互相欣赏和借鉴；面对各自的不足，学会谅解和迁就。若如此，友情、亲情怎能不生根发芽。

只有融入彼此的世界，别人的苦难、艰辛，你才会真切体味；别人的幸福、快乐，你才会感同身受。

世界上为什么会有那么多的冲突？恐怖主义产生的根源是什么？

排斥——政治、经济、文化上的排斥。

歧视——民族、种族、宗教间的歧视。

南非曾长期实行种族隔离制度，是一个严重种族分裂的国家。曼德拉是南非著名的反抗种族隔离政策的勇士和领袖，因此，他遭到当时南非政府的残酷迫害，被监禁、放逐及劳役27年。

然而长年的监禁和摧残，并没有摧垮曼德拉的精神，他依然热血沸腾，也没有在曼德拉的心中埋下仇恨的种子，他依然热爱和平。当曼德拉重获自由，继而成为南非历史上首位黑人总统后，他并没有去打击那些奉行种族隔离政策的人，更没有去报复那些折磨他的人，而是以博大宽广的胸怀和包容的理念，去接纳、去拥抱，最终实现了民族和解与民族融合，从而把一个严重种族分裂的国家变成了一个平等和谐的国家。

曼德拉出狱当上总统后，当年在监狱里虐待过他的三个看守狱警还收到了曼德拉亲自签署的就职仪式邀请函，他们还被当场原谅。曼德拉的宽厚和包容由此可见一斑。

1993年，曼德拉获诺贝尔和平奖；2004年，他被选为最伟大的南非人。

什么样的人容易接受恐怖主义思想？被歧视、被排斥的人最容易接受恐怖主义思想。这些歧视和排斥可能来自文化、宗教、政治、经济、种族、民族、地域、性别等多方面。

一个人或一个群体，如果被歧视、被排斥，就可能被边缘化、被孤立；就可能遭受打击、迫害，遭受不公正的待遇；就可能陷入贫穷，陷入愚昧，陷入苦难。

试想，如此境遇，怎能认同？怎能心平气和？怎能不仇视？怎能不仇恨？这不就是恐怖主义的萌芽吗？

学科融通，相得益彰

“减负”一直是个沉重的话题，在学校调研时，我曾看到一个学生在反复写“驰”和“弛”两个字，问其原因，原来他在一次语文测验中把这两个字混淆了。这确实易出错，但仅靠反复练、机械练，显然事倍功半，效果不佳。如何设计一种新颖的识字教学法，让学生学得既有趣又轻松，既能培养思维能力又能提高综合素养?

“融通教学”模式可以通过大融合、大贯通、大收益，实现这个目标。

例如：在识记“弛”字时，教师可以演示弓箭的射击，最好能给学生安排一节关于“弓箭射击练习”的体育课或活动课，学生在拉弓和放弓的操作中，自然就领会了什么是“一张一弛”“松弛”“引弓搭箭”，继而通过点拨也会深刻感知和识记“弦、弧、弹、强、弩、弯、弸、弨”等字，在活动中还可以给学生介绍有关弓箭的文化，让学生感受体育竞技的魅力等。

在识记“驰”字时，教师可以给学生播放草原上群马奔腾的画面，让学生欣赏《赛马》的音乐，观看《草原小骏马》的舞蹈，给学生展示徐悲鸿的《奔马》等，目的在于给学生营造纵横驰骋、自由奔放、一往无前、英勇无畏、百折不挠的意境。

在这样的教学活动中，学生思维活跃、想象自由、思想奔放，教师因势利导，可进一步让学生观察“驭、闯、驯、驱、骋、驾、驶、驻、驿、骁、骄、骑、骏、腾、骝、骐、骥、骠”等字的形态，理解“驰骋、驾驭、驻扎、驯服、出驶、奔腾、驿站、骐骥”等词的意义，想象骠骑将军闯关夺将的骁勇，感受将士“骝马新跨白玉鞍，战罢沙场月色寒”的气宇轩昂和英雄气概，领略“七百里驱十五日，横扫千军如卷席”的豪情壮志和革命精神。

这样识字，能够一举多得：有趣乐学，有理易懂，身心俱动，陶冶情操，提高效率，培养能力，放飞想象。

学科融通，相得益彰。

教师在上思想品德课时，讲团结互助，如果按照学科融通的理念，不妨这样设计：让学生齐唱《团结就是力量》，欣赏歌曲《众人划桨开大船》；设计只有通过学生合作才能完成的有趣的活动；讲述与团结相关的政治、经济、科技等各种领域的一些历史故事；号召并建立各种社团组织，让学生在实践课中去体悟团结互助的重要作用；可以联系物理学中的合力概念，告诉学生，力的方向越趋于一致，合力的效果就越明显；还可联系生物学中的共生、团队意识等现象，告诉学生，团结也是一种生存法则。

学生最喜欢什么样的老师?

一定是那些综合素质高的老师——既具有专业知识能力、科学素养，又具有艺术素养、道德素养、人文精神。

民主和集中不可分离

民众对专制深恶痛绝，为什么？因为专制是自私自利、为所欲为、残酷暴戾、骄奢淫逸、横征暴敛、傲慢偏见、独断专行、颠倒黑白的温床。也正因为如此，历史上，无数的革命者为争取民主而前赴后继、舍生忘死，许多的革命活动举着“打倒独裁”“反对专制”“实行民主”的旗号，也得到了民众的积极响应和大力支持。

显而易见，民主代表着进步，但事物往往具有多面性，民主也不可能是十全十美的，我们先看看一些发生过的事情。

号称“西方孔子”的苏格拉底参加过三次保卫雅典的战争，忠诚勇敢，就是这样一位正义、智慧的先贤，被雅典人通过公民大会用民主的审判方式判处了死刑。

第二次世界大战的元凶之一希特勒也是通过民主选举上台执政的。

艺术巨匠凡·高一生中创作了许多震撼世界的作品，如《星月夜》《向日葵》《鸢尾花》《柏树》《收获景象》《夜间咖啡馆》

等，然而当年，在凡·高创作的地方，也是在凡·高穷困潦倒而绘画天赋如火山喷发的时候，法国阿尔小镇的村民们却因为世俗偏见，百般讥讽、斥责和刁难凡·高，最后村民们经过集体商议，竟无情地把他赶出了小镇，具有讽刺意味的是，如今，凡·高因其卓越的才华和杰出的艺术成就给阿尔带来了无限的荣光和巨大的影响力，阿尔现在已成为世界名胜。

民主遇上平庸、愚昧，是很难获得真知灼见的，甚至会变成扼杀真理的帮凶。

民主一旦被利益、狂热等所驾驭，就会被蒙住双眼，晕头转向。

民主如果被权力、阴谋等所操纵，则可能变成被别人利用的工具。

不是人人都具有非凡智慧，卓越才华和高瞻远瞩只能属于极少数的人，在重大历史关头，在生死存亡之际，能引领正确方向、力挽狂澜者常常不是大众，而是非常之人。

许多的辉煌成就、发展奇迹也会带给我们这样的启示：当集中遇上英才、英明，和正确、勇敢、魄力等结合时，定会风雷乍起、宏图大展、一鸣惊人。

即使在民主越来越受到推崇的现代，民主的先天不足也越来越暴露出来——不是大多数人都睿智和理性；能顾及集体和国家利益的人也不一定能占到大多数；人的欲望是无止境的，多数时候无法做到让人人满意。由此，民主带来的困扰和弊端也不可避免。

无数的事实证明，民主不能独立存在，民主离不开集中，民主与集中只能结合在一起，走融通之路。

民主集中制就是融通之路的科学设计，其号召力、动员力、组织力、执行力往往是民主无法比拟的。

尼克松总统访华期间，中方安排尼克松总统游览八达岭长城，天公不作美，前一天下午降了一场大雪，而钓鱼台国宾馆离八达岭80多千米，路上全是积雪，让尼克松没想到的是，第二天，沿途所有积雪被清扫一空，要知道中国当时可没有现代化的清理积雪设备。靠什么？连夜发动十几万人，用较原始的工具（铁锨和扫帚）干了一个晚上。这样的组织力和执行力令尼克松既感动又吃惊。如果靠征求意见靠商量来得及吗？

中国共产党实行的是民主集中制，这无疑具有巨大的优势和强大的生命力。

习近平指出，民主集中制包括民主和集中两个方面，两者互为条件、相辅相成、缺一不可。我们要把民主和集中有机统一起来，真正把民主集中制的优势变成我们党的政治优势、组织优势、制度优势、工作优势。

民主常是自由、科学、文明、活力的沃土，但离开集中，也容易造成政治纷争、社会撕裂。

集中可带来稳定、有序、高效、统一，但离开民主，也容易出现僵化、腐朽、昏庸、没落的结果。

民主与集中应互相借鉴，即在民主的基础上实行集中，在集中的指导下发扬民主。

民主和集中熔铸成一柄剑，将是一柄锋利无比的宝剑。

在我国社会主义的实践中，这柄宝剑屡屡展现它的光芒和所向无敌的神奇，诸如社会主义改造、伟大建设成就、抗震救灾、抗洪抢险、疫情防控、重大工程、科技攻关、重要突破、经济奇迹等，中国都能令世界惊叹，让世界惊艳。

第八篇

天人合一

通灵山水

唐朝诗人李商隐《无题·其一》中有流传千古的名句：心有灵犀一点通。该句比喻恋人心心相印，彼此的感情都能心领神会。其实自然界的一山一水、一草一木也都是有灵犀的，关键是我们能否去发现，能否去唤醒，能否心有灵犀一点通。

“水光山色与人亲，说不尽、无穷好。”（李清照·《怨王孙》）。景与人亲，源于人与景亲，源于人不同凡俗的情怀。

“我见青山多妩媚，料青山见我应如是。情与貌，略相似。”（宋·辛弃疾《贺新郎》）。这是诗人与青山的互观互赏、互猜互解。

“晴空一鹤排云上，便引诗情到碧霄。”（刘禹锡《秋词二首·其一》），诗中诗情与孤鹤齐飞，排云直上遨游于天际，刘禹锡融情入景，表现出宏阔的胸襟和蓬勃向上的精神。

诗人的生命浸入了万物，万物也染上了人的灵慧。

子曰：知者乐水，仁者乐山。山的沉静、厚重、坚守不移，浸染着我们的灵魂，这也正是做人的操守。

水，真是一个精灵，其奔腾飞溅的活跃，一泻千里的豪放，随机应变的灵敏，飞流直下的无畏，滋养万物的大度，令我们钦佩。其忽而雨雪冰霜、忽而云霞彩虹、忽而雾气缥缈，这种变幻无穷的创造智慧又引发我们多少遐思与灵感！水呀，不应只在大地上流淌，它的灵气更应在我们的血脉里驰骋，经久不息地润泽着我们的精神。

柏杨先生曾说：观光事业不是孤立的事业，基础建立在国民的道德及见识上，也就是说，观光事业乃国民智慧的表露。没有这种智慧，便没有山川名胜。这是深邃的见解，正如唐朝诗人孟郊的歌唱：天地入胸臆，吁嗟生风雷。文章得其微，物象由我裁。

郑板桥有一首题画诗《竹石》：咬定青山不放松，立根原在破岩中。千磨万击还坚劲，任尔东西南北风。

竹子的风骨也应是人的风骨，我们面对艰难困苦、挫折失败时，支撑我们的正应是这种坚韧不拔的顽强精神。

人与自然相融则通，自然的灵性需要我们去发现、去唤醒，同时大自然又无时无刻不在影响着我们，启迪着我们，物我相融，即能“人与天地精神相往来”，即能“荡胸生曾云”（杜甫《望岳》），也即能“一蓑烟雨任平生”（苏轼《定风波》）。

当我们去游历时，当我们在美丽的大自然中徜徉时，我们与万物的相遇何尝不是一种相逢，相逢便生喜悦，便生顿悟，便有千般的风情、万般的感怀。

即使面对相同的风景，不同的人，因不同的经历、思想等，看到的和感受到的也会不同。

柳宗元游小石潭，写下著名的山水游记《至小丘西小石潭记》，作者把自己的心境与小石潭的景物结合起来，寓情于景，情景交融，既写出了环境的清幽美妙，又写出了作者的凄苦和忧伤。

养生的境界

当今时代的人们已深刻地认识到健康是第一财富，也是第一资本。于是，各种有关健康的书籍琳琅满目，媒体上有关健康的讲座、有关疾病治疗的讲座等层出不穷，人们在茶余饭后关于养生的话题也谈得多了，但许多人依葫芦画瓢，却走进了误区，甚至对健康造成了损害，那么如何科学养生呢？

前不久，我回乡下碰到一位同学，只见他无精打采，有气无力，询问得知：他不思饮食，饭量也大减，已好长时间了，又是检查，又是吃药，什么胃蛋白酶、胃动力、抗生素、山楂丸等吃了许多，就是不见效。我觉得很奇怪，出于关心和焦急，就仔细地了解了他的工作和生活情况。原来生病前，他在一处建筑工地做工，住的是刚盖好不久的房子，又湿又冷，因嫌饭菜不可口，经常是馒头蘸着白糖吃。

我恍然明白了，告诉他："外界的环境有寒热凉温，我们吃的食物有寒热凉温，我们的身体也有寒热凉温，只有几者相互协调，相互适应，才可能维护我们的健康，你住的地方，寒湿侵袭着你，你吃的食物，寒凉侵袭着你，内外夹攻，你怎能不生病？你应该立即改变居住的环境和不良的饮食习惯，再服用些香砂养胃丸或香砂六君丸，此中成药可以祛寒湿之邪。”

没过几天，他打电话告诉我，完全康复了，并夸我“神了”，我不是专业医生，只不过是运用了一下“融通学”。

由此，我想起了四川成都地区一道有名的风味菜——苦瓜炒辣椒。成都地区夏季常暑湿难耐，苦瓜苦寒解暑湿，辣椒辛热配上一些又防止苦寒损伤身体，多么巧妙的搭配，多么科学的养生方法，如果单吃苦瓜，吃得久了，身体很可能会吃不消。

常见的绿豆在炒作下曾经红极一时，人们争相购买，以至于价格暴涨。其实，只要我们的知识丰富一些，再运用一下“融通”的思维，就不会盲从了——绿豆性寒，体质偏热的人或在炎热的夏季，可适度多吃一些；而身体阳气不足的人或在寒冷的季节，绿豆则不适宜多吃。

快乐也是健康的源泉之一。朱丹溪是我国金元四大医家之一。有一次，一个秀才去找他看病，秀才因妻子去世，日夜思念，以致忧郁成疾。朱丹溪号了号脉，又问秀才是不是茶饭不思，然后他认真地告诉秀才：“你怀孕了。”并执意要给秀才开安胎药，惹得秀才忍不住大笑，并讽刺朱丹溪说：“您真不愧是神医啊！”

秀才回家后，每每想到朱丹溪的诊断就大笑不止，但是秀才的病后来竟不药而愈了。原来这是朱丹溪故意误诊，目的就是让秀才因自己“有喜”而开怀大笑。大师高妙，用的是精神疗法。

读过才子秦观的词吗？“春去也，飞红万点愁如海。”真是愁绪深似海，由此，秦观为何52岁早逝，我们便能窥见一斑。

云南大理白族有个著名的“三道菜”，就是一苦二甜三淡，象征了人一生的三重境界——春夏（青年）的艰苦耕耘、秋（中年）的丰收喜悦、冬（老年）的封藏淡泊。这样的菜，不仅滋养身体，还滋养着人的灵魂和精神。

有个生物现象——破茧成蝶，说的是蝴蝶在蛹中经过艰难的挣扎、痛苦的磨砺，最后破茧而出、振翅而飞。曾有生物学家观察到蝴蝶破茧时的拼命挣扎，于心不忍，就拿剪子把蛹壳剪开，结果蝴蝶轻易顺利地钻出来了，但笨拙无力，无法飞起来，不久就死去了。

磨炼成就了蝴蝶，磨炼同样可以造就人，自古雄才多磨难。

国外有一所学校，每年的冬季，总要安排至少一次这样的活动——让学生只穿背心，在积雪中做仰卧起坐、堆雪人或打雪仗。学生不怕感冒吗？不怕冻坏吗？实际上，家长理解、社会支持、学生勇敢参与。

苦难是一种营养。吃苦不仅可以强健人的身体，还可以砥砺人的意志。

养生的境界，来源于“融通”思想的运用。养生，应知地理气候，察节气变化，明食物性味，懂阴阳平衡，也应调节心情，修炼精神，适应环境。

谁不想高寿，当人们听说某地多长寿者时，纷纷前往，又是买水，又是度假，不亦乐乎，但终究没起多大作用，为何呢？

一叶障目，不见森林，人们只看见了长寿的人，或没看见山清水秀、空气清新，或没看见辛勤劳作、诚挚朴实，或没看见恬淡的心境，所以无法洞悉这些因素融会的神奇作用。

养生，山清水秀的地方当然是一个好去处，但仅此还不够，还须有勤谨、善心、宁静、平和，还须去修心。

人与环境相融通

有个村庄，村子里的人十分崇尚节俭，久而久之，这种传统影响到建筑，百姓庭院的院门都是外宽内窄，象征宽进窄出。同时，这种建筑方式也时刻在提醒人们要以俭持家，从而影响了一代又一代人。

人的思想会在环境中留下痕迹，环境也会给人的思想打上烙印。

中国在奴隶社会和封建社会，都曾建立起区分贵贱尊卑的严格等级制度，这种关于人的等级划分也反映在中国古代的建筑上、色彩上、服饰上、礼仪上、用具上等。如北京故宫，你看那些建筑，气势恢宏，雄伟壮丽，变化丰富，有主有从，显示出庄严肃穆、卓尔不凡的皇家风范，其中的太和殿是故宫中等级最高、体量最大的建筑，它的屋顶则是代表最高等级的重檐庑殿顶；在服饰方面，古代的不同衣服也是有贵贱之分的，如布衣代指平民，白衣代指庶民，朱绂代指高级官吏，乌衣代指下级胥吏。刘禹锡的古诗“朱雀桥边野草花，乌衣巷口夕阳斜。旧时王谢堂前燕，飞入寻常百姓家”中的乌衣巷，就因为当时的官兵穿黑衣，军队被称为乌衣营，驻地被称为乌衣巷。

同样，这些建筑、色彩、服饰、礼仪、用具等也在潜移默化地影响着人们的言行举止，从而强化了这种等级观念。

香奈儿是二十世纪一个具有传奇色彩的人物，她创造了伟大的时尚品牌——CHANEL。香奈儿的少女时代是在修道院的孤儿院里度过的，这个地方给她留下了痛苦的记忆——单调、沉闷，但修道院里的氛围——简单、朴素、严谨、色彩单调，却深刻地影响了她的设计风格——简洁、精美、高雅。香奈儿所设计的服装，多简约、对称，而且喜欢用低调冷静的黑与白。直到今天，香奈儿的经典小黑裙，依然是全球女性的时尚选择。

人创造环境，同样环境也创造人。

——马克思

我们要想塑造美好的人，就要去设计美好的制度，体现科学文明；就要去建设美好的社会，体现公平、正义；就要去营造美好的环境——美的自然环境和美的人文环境，让环境去熏陶人。

我所工作的单位是一个非常整洁的地方，在北方，只要刮风，常是尘土飞扬，一年四季要做到一尘不染谈何容易，但这里确实做到了。曾有来人在进大厅前，在地上跺脚，当问及原因时，来人感慨地说：“这个地方太干净了，我怕脚下的泥土把地板弄脏了。”

一树一天地

一棵树，伫立在原野上。

它的枒杈高高低低、起起伏伏，它的叶子疏密相间、错落有致，飞絮也在它的怀中欢快地跳跃着，这不就是一支曼妙的曲子吗？

风中，这棵树轻盈起舞，丰姿绰约。

薄雾萦绕，一只歌唱的鸟儿，栖息在它嫩绿的枝头，朦胧间，已辨不清这是一幅画，还是一首诗。

它不是独立的存在，阳光照耀，雨露润泽，沃土滋养，它与万物相依，也与人同呼吸、共命运。

长久地守望，它看惯了流云变幻，也记录着星辰闪耀。

经历雨雪冰霜，这棵树还是那么从容、挺拔——“高枝戮太空，捧雪笑西风”。

“梧桐更兼细雨，到黄昏、点点滴滴。这次第，怎一个愁字了得。”不论被寄托了多少彷徨和愁绪，它依然叶落化泥，憧憬着春归大地、春花烂漫。

光阴流淌过年轮，年轮也镌刻着韶华和沧桑。

这棵树，有生有灭，有灭有生。

生生不灭的是乐符，是舞影，是诗韵，是美景，是品格……

永恒的是——美。

树似人，人似树，本真同具灵性。

一树一天地，万物皆融通。

时光无情又有情

“春宵一刻值千金，花有清香月有阴”与“春花秋月何时了？往事知多少”同属一处时光，但心境不同，感触不同。欲恨还爱，既忧且喜，我们对时光的感情常常是复杂的。

光影变幻，每时每刻都不重复，昨天的一颗石子，转瞬成为今天的一颗石子，看似相同，却早已不同，人是不可能看到同一颗石子的。时光浸润着一切，也改变着一切，一切都不重复，一切也都是新奇的，新奇的风景，新奇的事物，新奇的经历。怀着好奇心，我们就会兴致盎然、满眼新意、满腔激情。

时光飞逝，一切都会过去。功名利禄好似过眼烟云，莫贪恋、莫沉溺；困苦磨难也终会结束，须忍耐、须坚持。

抗清名将袁崇焕忠于国家、智勇双全、屡破敌军，却背负着叛国的罪名被处死，面对巨大的不公、屈辱、痛苦，袁崇焕在临刑前留下了这样的遗言：

一生事业总成空，
半世功名在梦中。
死后不愁无勇将，
忠魂依旧守辽东。

这是怎样的一种忍耐、一种坚持，至死不渝，撼人心魄。

时光总是一往无前，不可阻挡地越过万物。不论是一马平川，还是壁立千仞，纵然风沙弥漫，纵使芬芳诱惑，它从不停留，从不怯懦，从不犹豫，从不迷茫。向前，向前！——这是时光的信仰。

谁不憧憬未来？

时光善于酿造，你若在其中投入虔诚、善良、耕耘、慧心，则美酒自成、沁人肺腑。

时光又是一种财富，可能被挥霍一空，也可能越来越彰显它的价值，这取决于你是否懂得珍惜，是否善于管理和善于使用。CNN（美国有线电视新闻网）的创始人特德·特纳从不穿需要系鞋带的鞋子，因为他曾说——我算过一笔账，天天系鞋带会浪费掉一生中的许多光阴。

跟随着时光的脚步，我们时而意气风发，时而风尘仆仆，时而步履蹒跚。

跟随着时光的脚步，我们感受着它的美好，又“恨不能挂长绳于西天，系此西飞之白日”。

生命不断流失，阅历却不断丰富；两鬓霜染却才艺日长；身体愈加衰惫，精神却愈加强大。

恼人的时光，无情又多情！

且听塞缪尔·厄尔曼那《青春》的精神回响：

> 青春不是年华，而是心境；青春不是桃面、丹唇、柔膝，而是深沉的意志，恢宏的想象，炽热的感情；青春是生命的深泉在涌流。
>
> 青春气贯长虹，勇锐盖过怯弱，进取压倒苟安。如此锐气，二十后生而有之，六旬男子则更多见。年岁有加，并非垂老；理想丢弃，方堕暮年。

时光又好像一幅无边无际的画卷，我们该留下怎样的笔触？热情如火？淡定恬然？质朴深邃？流光溢彩？……

共生共荣

有一所大学，校园里种植了一些果树，等到果实成熟的季节，校方不组织采摘，师生也不私自采摘。为什么？原来果子是留给生活在校园里的小松鼠的。

学校给小松鼠创造了生存的空间，小松鼠给学校带来大自然的生机和灵动，当然，也给师生带来了雅趣、快乐和灵感。

在一所小学，曾看到老师为了迎接检查，铲掉了楼道高处角落里已经筑好的燕巢，无家可归的燕子在空中久久地盘旋。之所以要铲掉燕巢，是因为鸟粪的缘故。

何不在燕巢的下面安装一块承接鸟粪的木板呢？何不在燕巢的附近创建有关燕子的文化牌呢？何不让“几处早莺争暖树，谁家新燕啄春泥”的情境再现呢？

学校拒绝了燕子，同时，也拒绝了鸟语花香和诗情画意。

人与自然，共生共荣。

名山、名河、名湖、名楼、名寺、名桥……与它们融为一体的美丽传说、诗文辞赋、家国情怀，更增添了它们的生机和灵气，令人心驰神往，心醉神迷。

春花、秋叶、明月、飞鸟、冰雪、细雨……正是因为被赋予了喜悦、赞美、离别、忧愁、团圆、思念、希冀、祝福等许多的情感，才使它们华彩纷呈，引人无限遐思。

人生起伏、故事曲折、思绪飞扬，与山峦起伏、碧波荡漾、雾气缭绕，不都是美妙的乐章吗？

杭州西湖的苏堤是怎么来的呢？苏东坡既疏浚了西湖，又利用挖出的水草淤泥在湖中修了一条堤岸。既治理好了西湖，又筑堤方便了人们游览西湖。

西湖的风光更加旖旎——“水光潋滟晴方好，山色空蒙雨亦奇”。

苏堤春晓更是引人入胜——“波暖绿粼粼，燕飞来，好是苏堤才晓”。

人与自然，本为一体。

随着科学技术的进步，人类认识自然和改造自然的能力不断增强，在创造了巨大物质财富的同时，人类的实践活动也给自然界带来了许多损害。

美国海洋生物学家卡逊曾花费多年时间调查研究了使用DDT（双对氯苯基三氯乙烷）等农药对生物和人体所造成的危害，并在此基础上写出了《寂静的春天》。在该书中，卡逊用大量的证据，以生动的笔触，阐述了过度使用化学药品导致生态破坏、环境污染，并最终给人类带来不可挽回的灾难。也曾有科学家在南极的企鹅体内检测到了DDT成分。

人类的活动应慎之又慎，应认真考虑自然界的感受，因为人类的每个举动都可能给自然界的空气、土壤、河流、动植物等带来影响。

曾在纪录片中看到：由于全球气候变暖、海冰融化，体型硕大的北极熊，迫于生存的压力，竟然爬上了悬崖峭壁去觅食鸟蛋。这样的画面让人觉得不可思议，感慨万端，也产生这样的疑问——人类会不会也走上这条道路呢？

这不是没有可能，如果气候变暖加剧，冰川全部融化，海平面上升，陆地大片被淹，人类能逃到哪儿去呢？

人类美丽，自然界就是美丽的。

人类友好，自然界也是友好的。

热烈且沉静

你看这美丽的自然界，寂静与喧嚣，黯淡与绚烂，冰冷与火热，平静与汹涌，安宁与狂野，一切似乎对立又相互依存，一切似乎矛盾又那么和谐，这是多么高妙的共存。

人和社会与自然界是相通的，热烈与沉静也是相关的。一个热烈且沉静的人，能更好地克服困难，解决问题，迎接挑战，完成任务，也能更好地学习、工作和生活。因为：

于热烈中可寻得激情、勇猛、无畏、雄心；

于沉静中可寻得从容、平和、深刻、耐心。

热烈遇见沉静，可以消除自身可能出现的冲动、浮躁、狂妄；

沉静遇见热烈，可以避免自身可能出现的懈怠、颓废、僵化。

热烈且沉静岂不是一种极佳的融合？！

如炬之思想，在沉静的思索中诞生，又以耀眼的光芒领航轰轰烈烈的行动。同时，在高歌猛进的实践中，又需要用深沉的思考去反观思想，去不断完善思想，去形成更加科学的思想。

马克思和恩格斯经过两个多月的思索，写出了《共产党宣言》，而《共产党宣言》一经诞生，全世界的革命运动便风起云涌、如火如荼。在中国革命的实践中，曾经历过大革命时期、土地革命时期、抗日战争时期、解放战争时期，不论是莺歌燕舞、昂首阔步，还是血雨腥风、奋起抗争，不论是枪林弹雨、烽火硝烟，还是烈火燎原、胜利在望，总之，革命斗争再火热再激烈再惨烈再壮烈再危急再艰难再顺利，毛主席及老一辈无产阶级革命家总能沉静地去思考（毛泽东写《论持久战》时，在延安的窑洞里伏案九个日夜，连炭火烧了棉鞋都未能察觉），去深刻分析和总结，进而形成了一系列理论著作。其中比较突出的论述有“星星之火，可以燎原”“枪杆子里面出政权”“游击战十六字方针”“农村包围城市”“论持久战”“群众路线”“统一战线”“党的建设”等，丰富和发展了马克思列宁主义，正是由于毛泽东思想的科学指导，中国革命才能不断取得胜利。

英纵如汉武帝刘彻，他的万丈豪情、勇往直前，他的超凡魄力、浪漫奔放，使他建树很多——求贤若渴，不拘一格用人才；兴办太学；加强中央集权；盐铁官营；征伐匈奴；开疆拓土，凿通西域；辞赋“壮丽鸿奇”；等等。汉武帝的文治武功，让汉朝成为当时世界上强盛的国家之一。

汉武帝刘彻的冷静反思，对自我的深刻剖析，对自己穷奢极